文具店、手芸店、園芸店、洋品店…etc.街角[illegible]会ったかわいい小物たち

annas《アンナス》の

雑貨の刺繍

光文社

OLÍ
doces de Santa
PARSLEY SEED

Matisse
i Matisse
ERIE MAEGHT
Buisson - 1951

ecostore
ecostore
Dish Liquid
ecostore
laundry powder
16 32

はじめに

古い刺繍図案を眺めると、その時代その時代の雑貨たちが描かれていることがあります。現代の私たちから見れば“アンティーク”とひとくくりにされるデザインも、当時は人々の生活に深く結びついていて、じつは新しい流行や文化を反映しているのでしょう。

では今、私たちの身のまわりにあるものは？

ふとまわりを見渡すと「かわいい形の手芸道具」「おもしろい形の文房具」「芸術的な形の器」など、さまざまなデザインのアイテムであふれています。

そんな現代の感性でデザインされたものを、刺繍のモチーフとして捉え直してみてはどうだろうと思い、頭をあれこれひねりながら図案を作っていきました。

いつかの未来、私の作品が万が一残っていて、“アンティークな図案”なんて呼ばれ、その時代の人たちがまた新しい刺繍を生んでいる世界があったら素敵だな。

そんなことを考えながら作った刺繍作品を並べたのがこの本です。

ぜひ日常のシーンを思い浮かべながら、楽しく刺繍していただけたらうれしいです。

annas 川畑杏奈

Contents

手芸雑貨店

How to make : p.58-60

手芸アイコン *Handicrafts icon*

手作りのための道具や材料はキュンとなるかわいらしさ。

 How to make : p.68-69

手芸道具 *Handicrafts tool*

刺繍、編み物、織物、ソーイング、タティングレース、
好きな手芸をブローチに。

 How to make : p.66-67

ニードルブックと針山 *Needle book & Pincushion*

持ち運びに便利なニードルブックと針山は出先で刺繍するときの必需品。

グラニースクエア *Granny square*

かぎ針編みのモチーフが刺繍で表現できるおもしろさ。

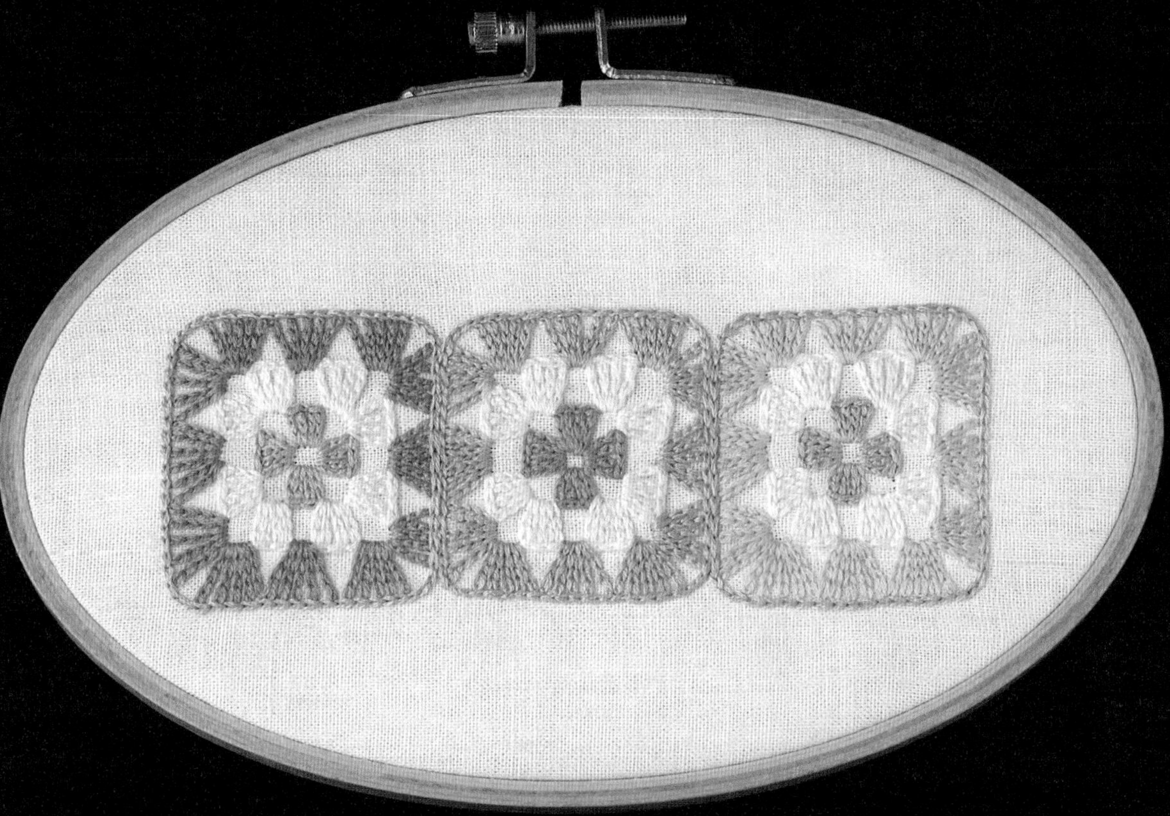

書店 How to make : p.64

本のある風景 *Scenery of the book*

本にまつわるさまざまなシチュエーションをブローチで表現。

文房具店 How to make : p.70

ステーショナリー *Stationery*

道具のユニークさが好きで、
もうあまり使わないけど集めたくなってしまう。

手仕事雑貨店 How to make : p.71

日用品 *Household goods*

ほうきとちりとりで掃除をするようなていねいな暮らしにあこがれる。

手仕事雑貨店 How to make : p.72

器 *Tableware*

ひとつひとつ大切に作られた焼き物の器類は飾っても美しい。

 How to make : p.17

かごと帽子 *Baskets & Straw hat*

バスケット・ステッチは本当にかごを編んでいる気分になる楽しいステッチ。

かごと帽子

●刺繍糸

DMC25番刺繍糸
■ 赤茶 779
□ 生成り ECRU
■ 焦茶 844
■ 茶 3790
■ 黄土色 422

●布

COSMOフリーステッチ用コットンクロス
(スモーキーブルー)

●サイズ

直径4cmのブローチ金具

●刺し方

指定以外サテンS、指定以外2本どり

●仕立て方

帽子と右下のかごはブローチ参照 p.67
(背面のブローチ金具はつけない)

キッチン雑貨店

How to make : p.73

お菓子作り *Confectionery recipe*

お菓子作りのツールは図案にしたくなるかわいらしさ。

 How to make : p.74

ピクニック *Picnic*

バスケットから飛び出したような動きのある構図で楽しさを表現。

How to make : p.21

父の日、母の日 *Father's day & Mother's day*

定番のモチーフをあえて使わずに表現してみたらクラシカルな雰囲気に。

父の日、母の日

●刺繍糸

DMC25番刺繍糸

［父の日のハンカチ］
- 黒　310
- 茶　838
- オレンジ　3852
- 生成り　ECRU
- グレー　04

［母の日のハンカチ］
- オレンジ　3852
- 緑　988
- 生成り　ECRU
- グレー　415

●布

市販のハンカチ（紺、ペールグリーン）

●刺し方

指定以外2本どり、指定以外サテンS

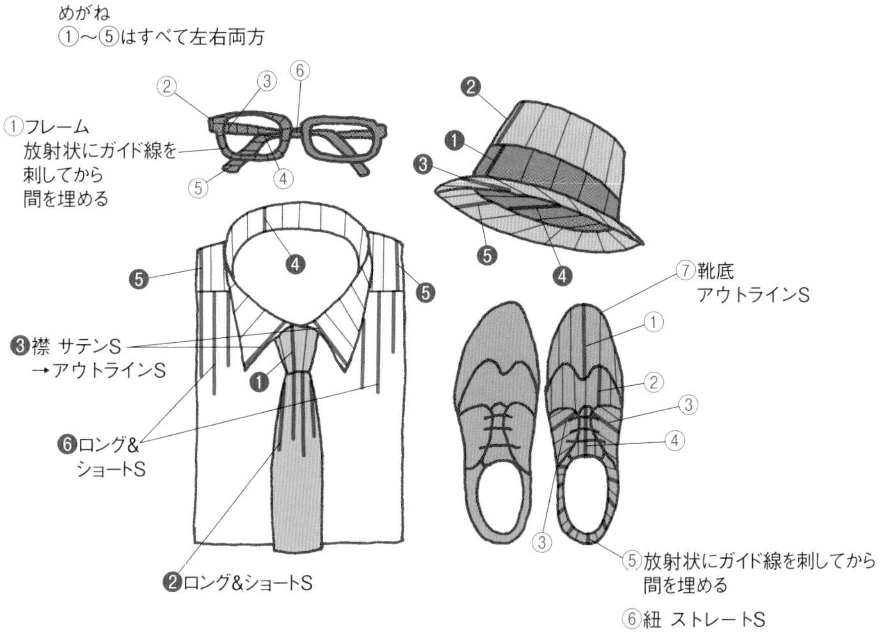

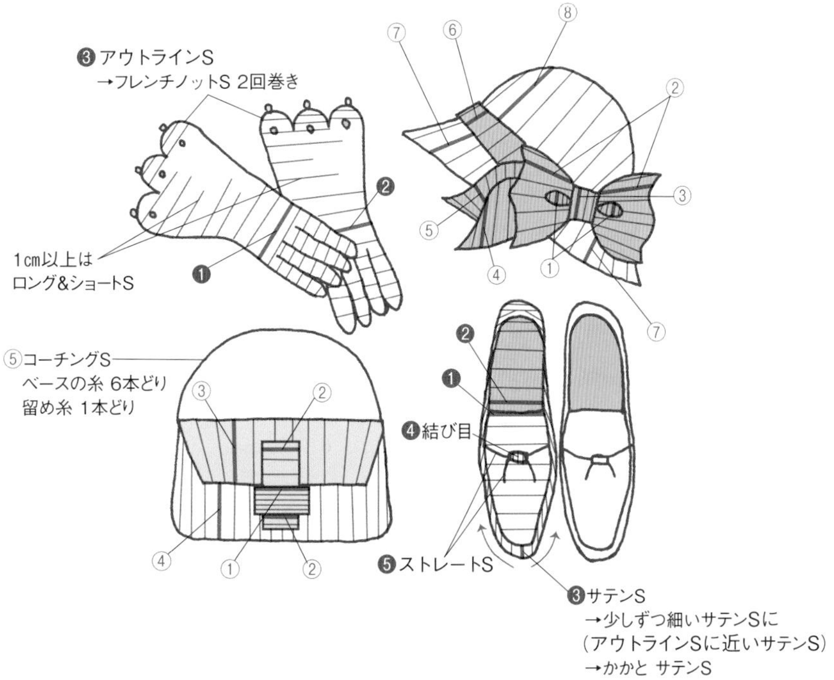

園芸店 How to make : p.25

イングリッシュガーデン *English garden*

ベリーの実を並べて、ナチュラルで華やかな庭の様子。

洋装店 How to make : p.75-76

ファブリックチェア／ワンピース *Fabric chair, One-piece dress*

サロンのフィッティングルームをイメージした、居心地のよい空間。

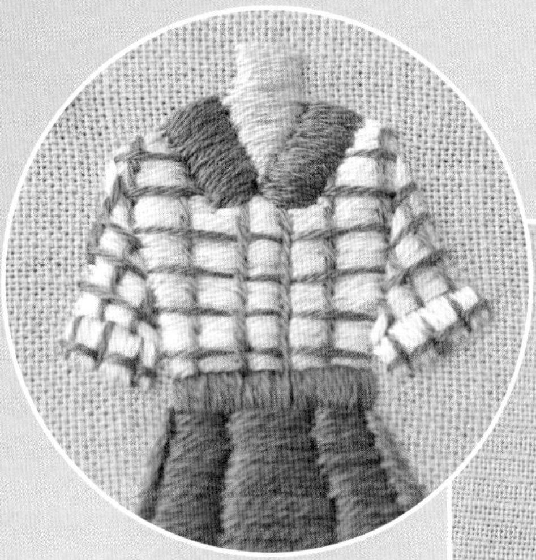

One-piece dress

ワンピース

Fabric chair

ファブリックチェア

English garden

イングリッシュガーデン

イングリッシュガーデン

Photo p.22

●刺繍糸

DMC25番刺繍糸

■ 濃緑　934
■ 明緑　3346
■ 緑　936
□ 茶　611
■ 赤　3802
■ ピンク　223
■ 青　336
　黄　165
□ 白　BLANC

●布

COSMOフリーステッチ用コットンクロス（ペールグレー）

●サイズ

縦18.5cm×横13.5cmのだ円枠

●刺し方

指定以外2本どり、指定以外サテンS

●仕立て方

刺繍枠　p.95

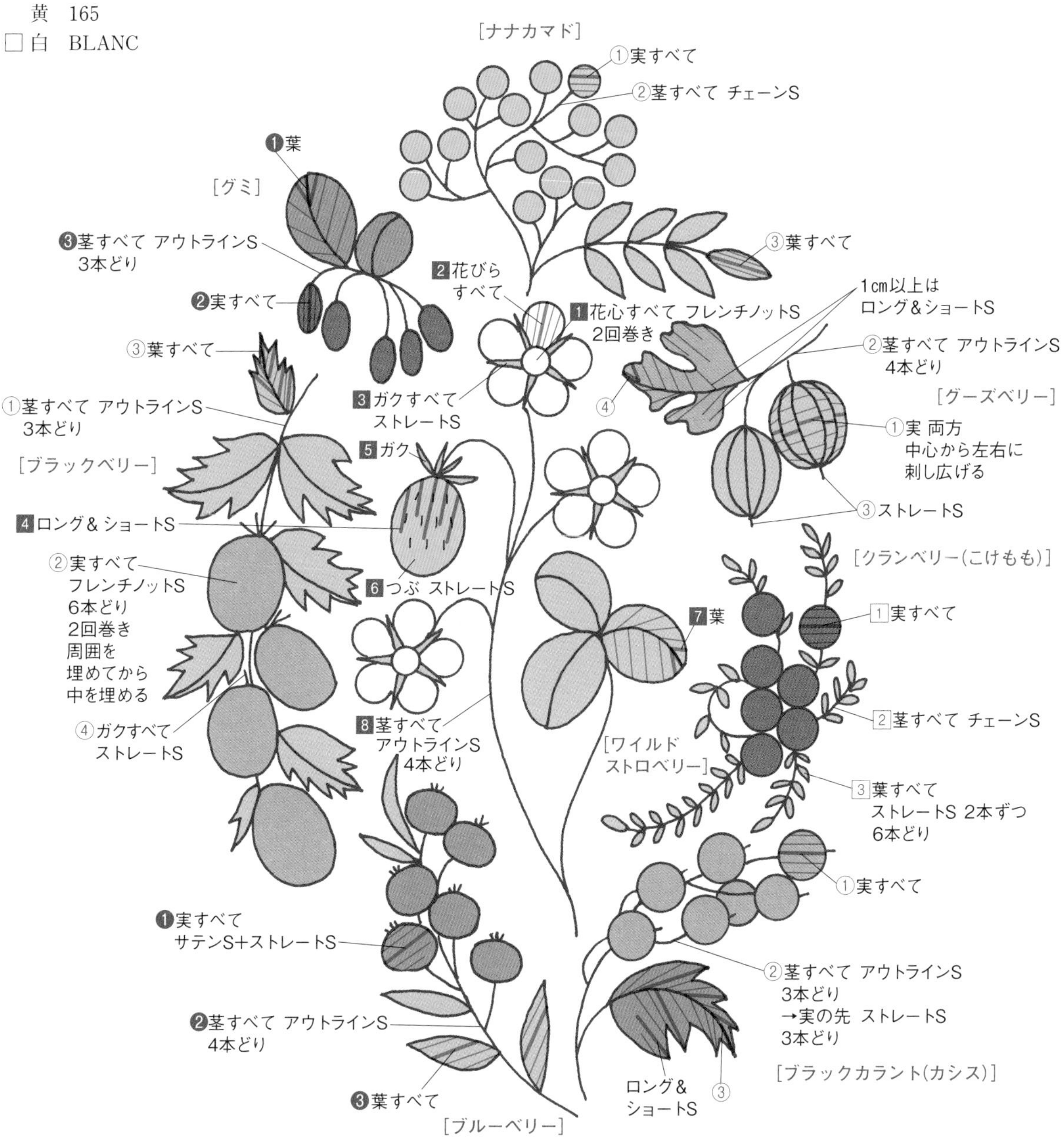

家具店 How to make : p.28-29

グリーンインテリア *Green interior*

ホテルライクなインテリアに似合いそうな大きめの作品。

グリーンインテリア Photo p.26

●刺繍糸

DMC25番刺繍糸
- 緑　3052
- 茶　841
- オレンジ　783

●布

COSMOフリーステッチ用コットンクロス（ホワイト）

●大まかな刺し順

1. ソファー、植木
2. チェスト、花瓶、スタンド
3. 棚

●刺し方

指定以外アウトラインS
指定以外6本どり
チェーンSは、外側から内側に向かって刺し埋める

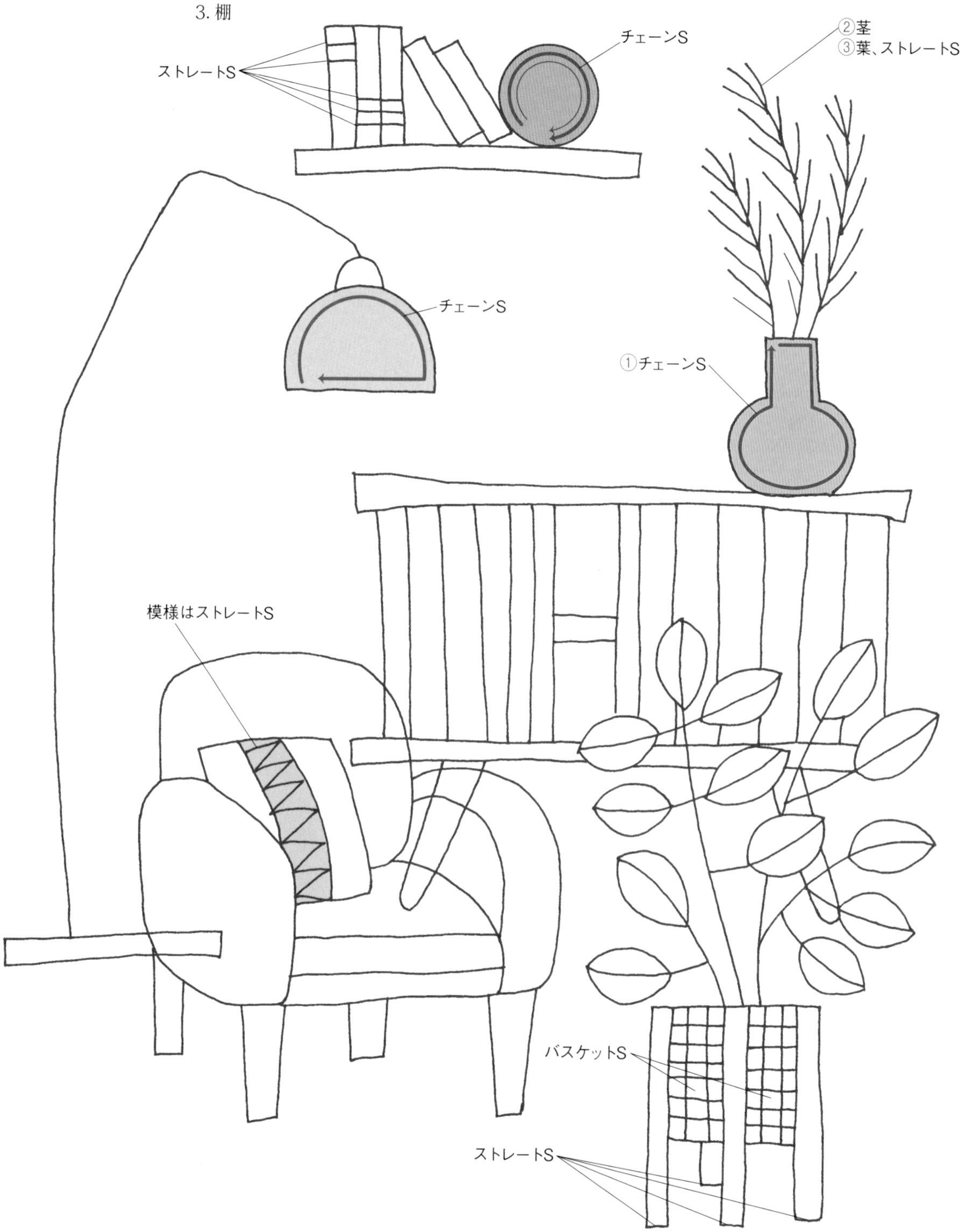

グリーンインテリア

Photo p.27

●刺繍糸

DMC25番刺繍糸
- 緑　3052
- 茶　841
- オレンジ　783
- 白　BLANC

●布

オリムパス　コットンクロス（フォギーグリーン）

●刺し方

指定以外アウトラインS
指定以外３本どり
チェーンSは、外側から内側に向かって
刺し埋める

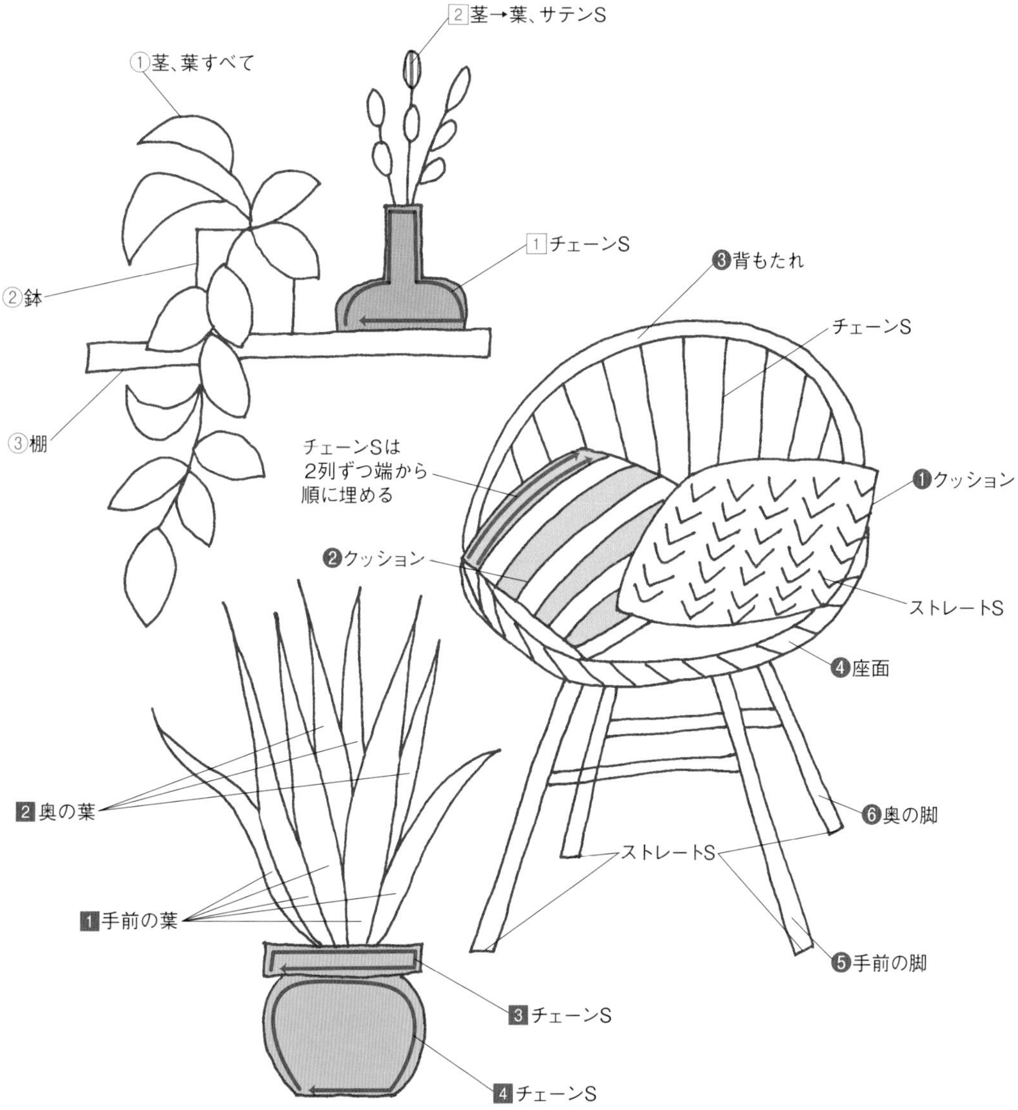

 How to make : p.61-63

観葉植物と切り花 *Foliage plant & Cut flowers*

オージープランツや熱帯植物などのワイルドな室内鑑賞植物が今の気分。

生花店 How to make : p.77

フラワーショップ *Flower shop*

花の仕入れや並べ方が、よく考えられているディスプレイ。

洋楽器 *Musical instruments*

音楽好きが演奏していそうな楽器を集めて。

楽器店 How to make : p.79

森のフェス *Festival of the forest*

野外フェス、もしかすると動物たちもこっそり聴いているのでは？

スポーツ用品 *Sports goods*

道具入れなどに目印として使えそうなモチーフ。

キャンプギア *Camping gear*

環境に配慮したグッズでオシャレで楽しいキャンプの時間。

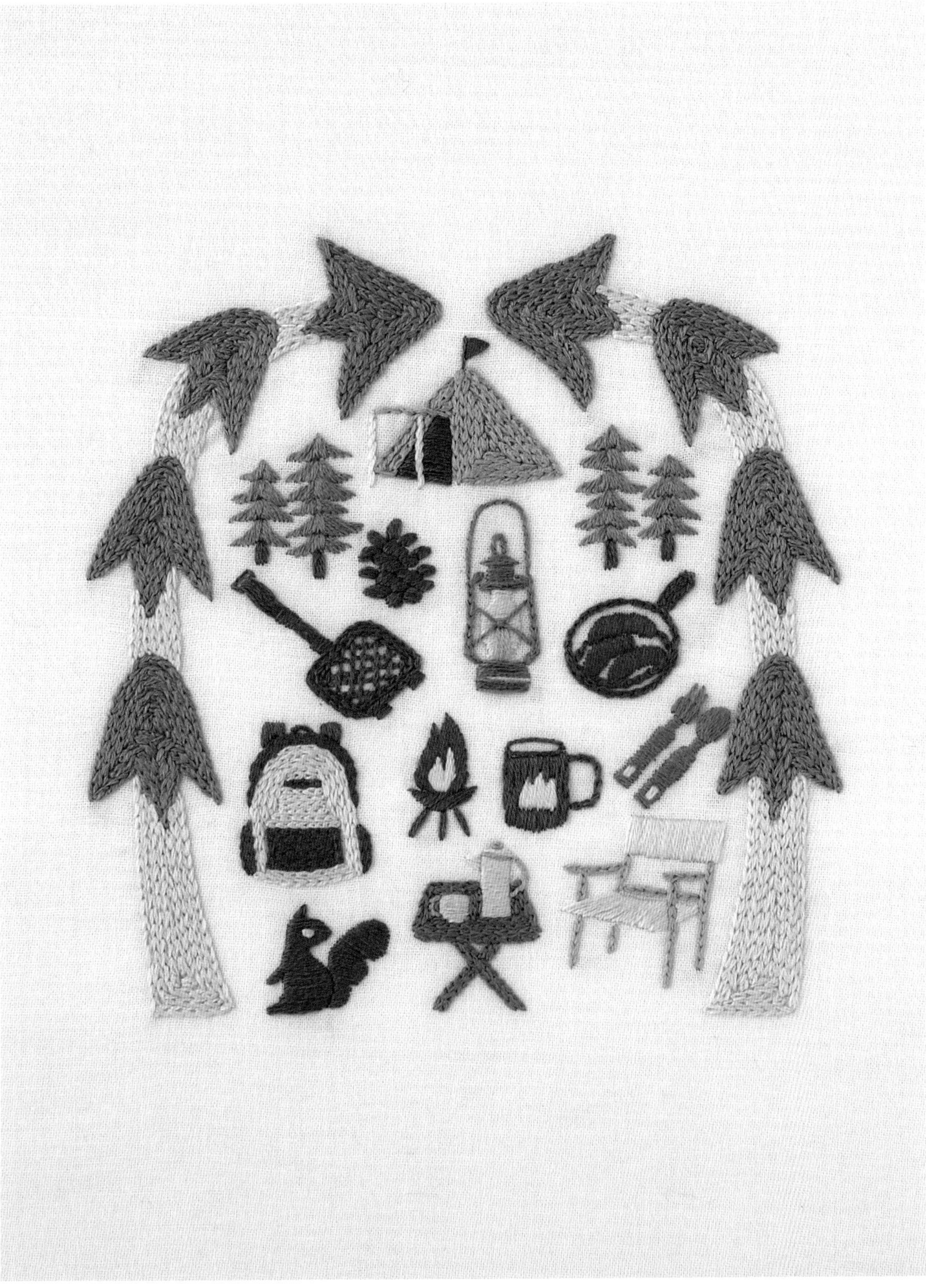

化粧品店 How to make : p.84

How to make : p.84

コスメ *Cosmetics*

きれいになるための道具でさえもかわいいものばかり。

香水店 How to make : p.85

パフュームボトル *Perfume bottles*

香りだけでなく、目も楽しませてくれる意匠を凝らしたフォルム。

メモリアルボード *Memorial board*

赤い刺繍糸を青系に変えるとクールな雰囲気になります。

メモリアルボード

●刺繍糸

DMC25番刺繍糸

黄　17

□ 白　BLANC

茶　612

ピンク　3064

緑　502

青　930

●布

オリムパス　コットンクロス（サンド）

●サイズ

直径16.5cmの刺繍枠

●刺し方

指定以外サテンS、指定以外２本どり

アルファベット・数字・g・cmはアウトラインS、３本どり

ピリオドはフレンチノットS、３本どり、２回巻き

●仕立て方

刺繍枠　p.95

数字とアルファベットはトレーシングペーパーで写しながら並べ、できあがりの文字列の図案を作ってトレースする

1234567890

ABCDEFGHIJKLM

NOPQRSTUVWXYZ

 How to make : p.86-89

月齢カード *The age of the month card*

一緒に写真を撮って成長の記録を残す、記念のバナーに。

10
MONTHS
Just
born

ブライダル雑貨店 How to make : p.90

ウェディングボード *Wedding board*

新郎新婦の衣装を実際の衣装にアレンジしても。

ブライダル雑貨店 How to make : p.91

ジュエリー *Jewelry*

手はアンティークカードによくあるデザインを参考に。

アロマ雑貨店 How to make : p.45

アロマテラピー *Aromatherapy*

こんなノベルティがあったら欲しいなと思う。

アロマテラピー

●刺繍糸

DMC25番刺繍糸

- オレンジ　3854
- 緑　500
- □ 生成り　ECRU
- 黄緑　3052
- 黄　18
- 黒　310
- 薄紫　26
- 茶　09

●布

市販の巾着

横13.5cm×縦20cm（生成り）

●刺し方

指定以外サテンS、指定以外２本どり

ラベルの文字部分はすべて、ストレートS、

１本どりで最後に刺す

クリスマス雑貨店 How to make : p.47, p.92-93

アドベントカレンダー *Advent calendar*

モチーフひとつだけを取り出してブローチなどに刺繍しても。

アドベントカレンダー

●刺繍糸

DMC25番刺繍糸
- ピンク　778
- 黒　310
- 赤　902
- オレンジ　3778
- 青　336
- グレー　414
- 薄茶　612
- 白　3866
- 水色　828
- 緑　503
- 薄オレンジ　967

DMCディアマント
- 金　D3852

●布

COSMOフリーステッチ用コットンクロス（ホワイト）

●刺し方

指定以外サテンS、指定以外２本どり
チェーンフェザーSは６本どり、金糸は１本どり、
数字　直線と短い部分はストレートS、
　　　曲線はアウトラインS

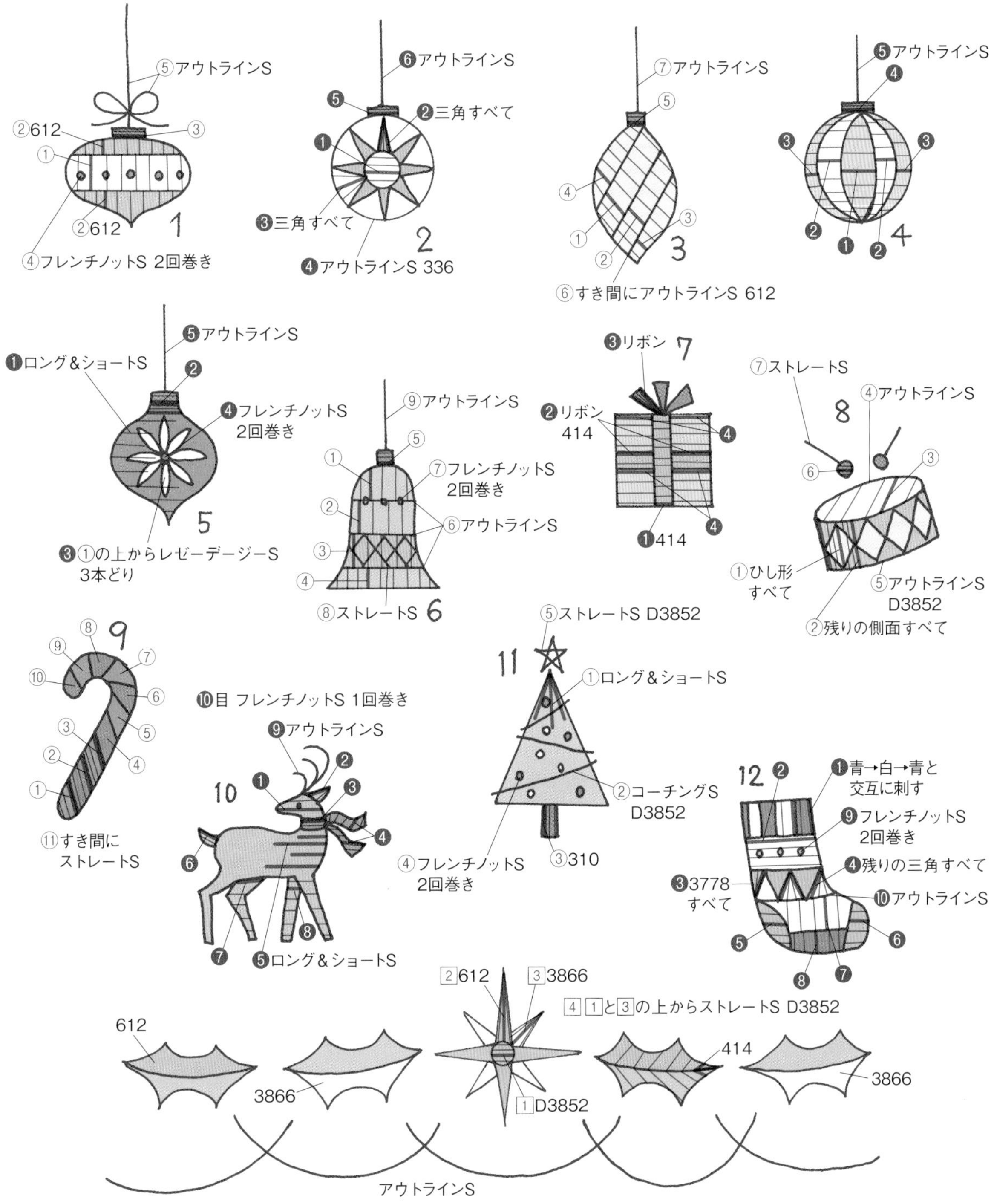

 How to make : p.49

ツリーオーナメント *Tree ornament*

大きめの刺繍なので、ツリーに飾ったり壁に並べて吊るしたり。

ツリーオーナメント

●刺繍糸

DMC25番刺繍糸

黄　734	黒　310
緑　895	赤　22
生成り　ECRU	水色　598
	茶　452（鳥のみ）

●布

COSMOフリーステッチ用コットンクロス（ホワイト）

●刺し方

指定以外サテンS、指定以外2本どり

●仕立て方

オーナメント　p.95

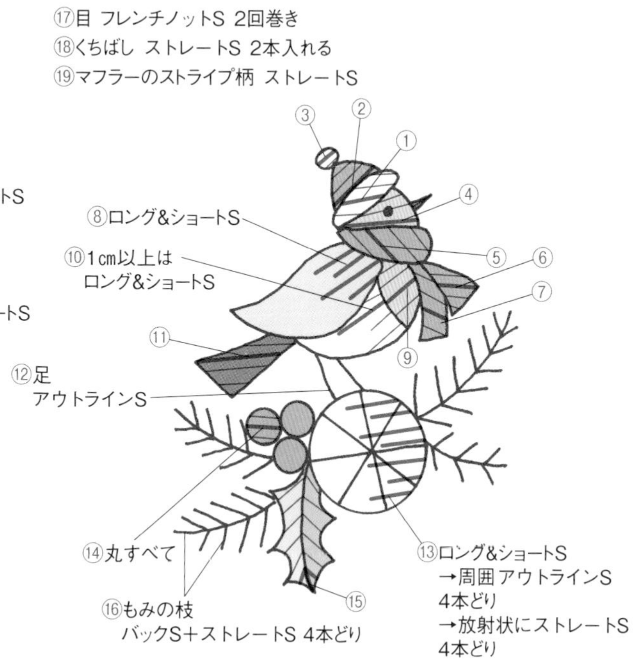

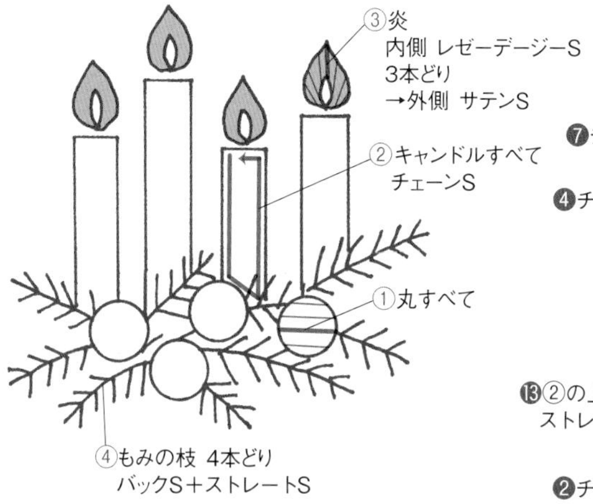

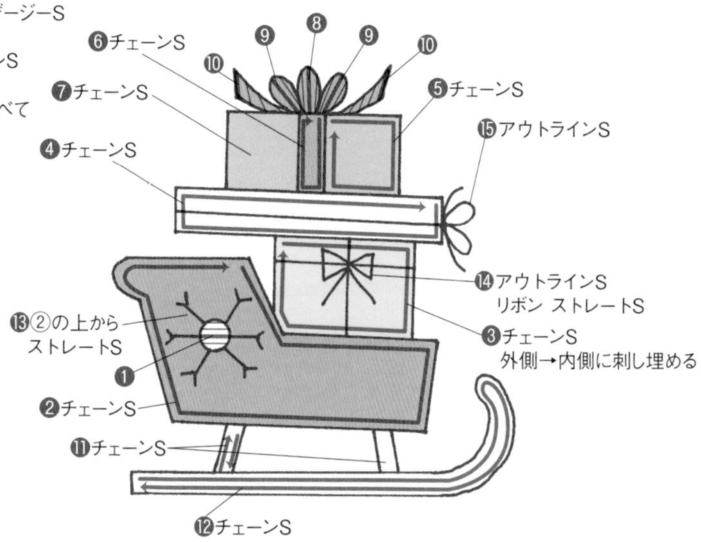

刺繍の基本

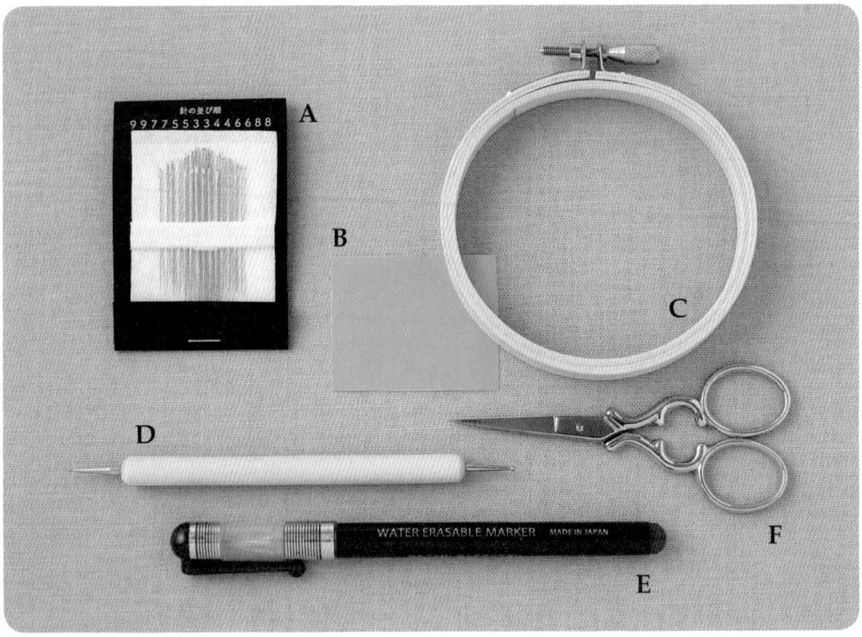

用具　*Tools*

A. 刺繍針

フランス刺繍針を使います。刺繍糸の本数に合わせて使い分けます。

B. 複写紙（片面）

図案を布に写すときに使います。この本では、水で消えるタイプを使用しています。

C. 刺繍枠

刺繍しやすいように布を張っておくための枠。直径8～10㎝が使いやすくおすすめ。

D. トレーサー

複写紙を使って図案を布に写すときに使います。ボールペンなどでも代用できます。

E. チャコペン

写した図案が薄いときなどに、描き足します。この本では、水で消えるタイプを使用しています。

F. はさみ

刺繍糸を切る時に使います。先端が尖っているものが使いやすい。

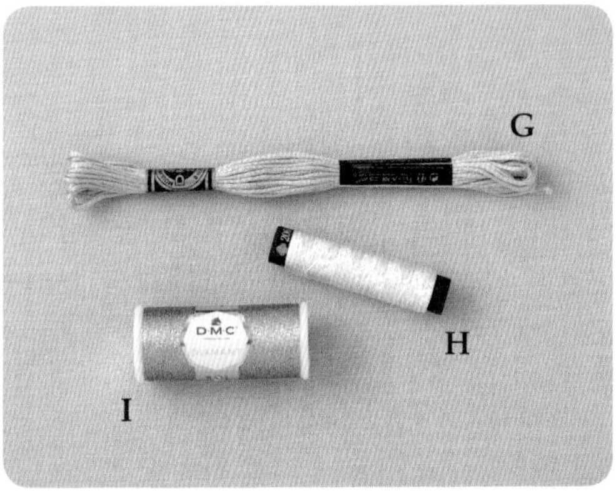

材料　*Material*

G. DMC25番刺繍糸

色数豊富なコットン糸、6本どりから1本ずつ抜いて指定の本数で刺します。使用時に切る長さは60㎝程度が扱いやすくおすすめ。

H. COSMOにしきいと

手刺繍用のカラーのラメ糸。糸巻きから出した状態を「1本どり」として使います。

I. DMCディアマント

メタリックヤーン。糸巻きから出した状態を「1本どり」として使います。玉結びをして刺し始めます。

下準備 *Preparation*

図案の写し方

布の上に複写紙をインク面を下にして置き、上に図案をのせてトレーサーでなぞる。

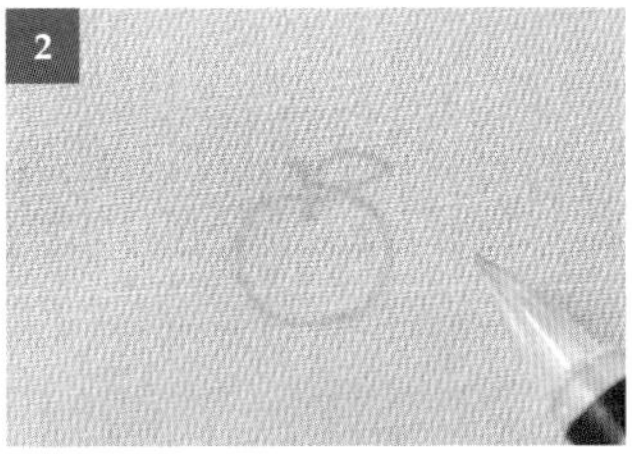

写した図案が薄いところをチャコペンでなぞる。

テクニック *Technique*

刺し始め

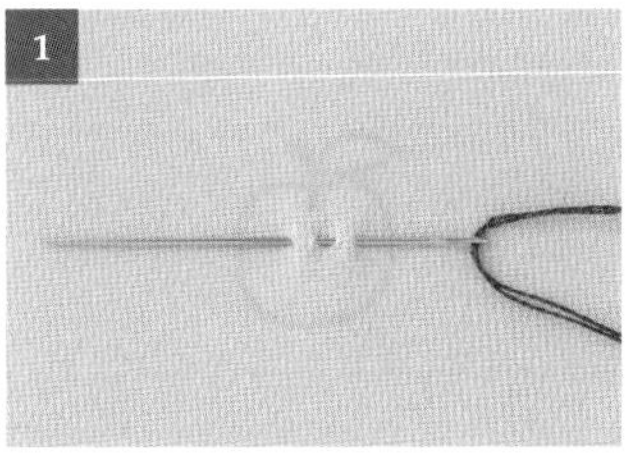

図案の中央、刺し埋めて隠れるところで始める。表から針を入れ、2目なみ縫いをする。

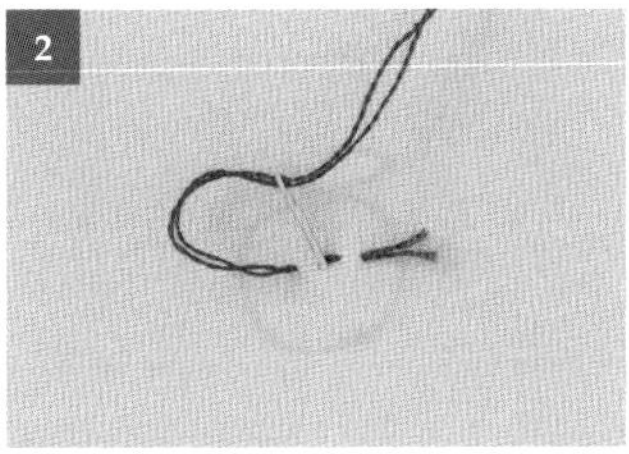

糸端を1cm程度残したところまで糸を引き、ひと目戻ったところに針を刺し、裏から引く(糸が絡まることで抜けなくなる)。

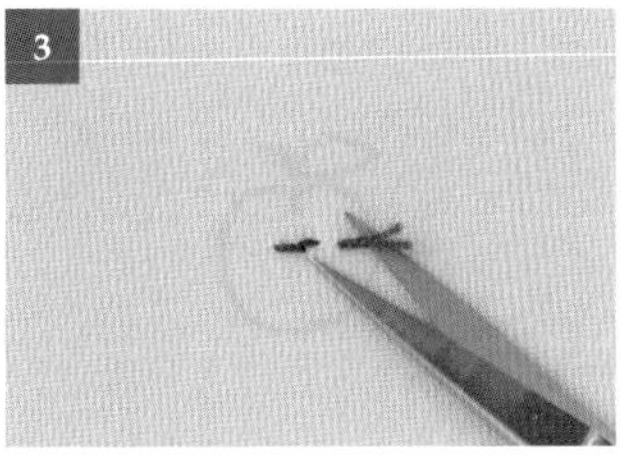

表の糸端を短く切る。上からステッチを刺すと見えなくなる。

刺し終わり

裏側に渡っている糸に2度ほど絡めて通し、糸を切る。

糸を替える

次の糸を針に通し、裏側に渡っている糸に2回ほど絡めて留める。

仕上げ *Finishing*

図案の消し方

刺し終わって、図案の線が残っていたら、水をつけた綿棒で少しずつぬらして図案を消す(アイロンをかけると図案線が定着してしまう場合があるので先に消しておく)。

アイロンのかけ方

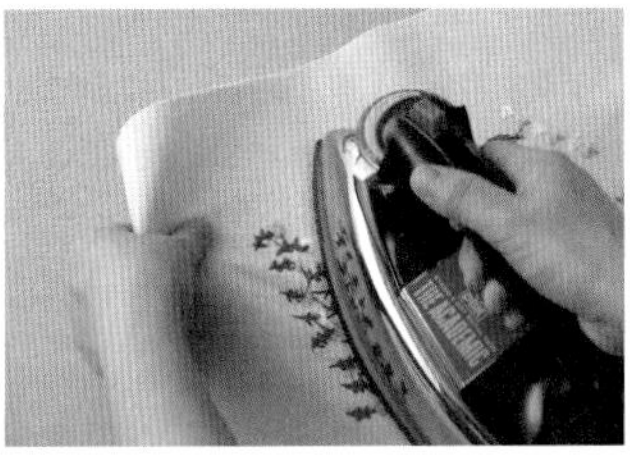

裏からアイロンをあて、少し布を引っ張りながらかけると、刺繍のすき間のしわがのびやすい。

ステッチガイド

アウトライン・ステッチ

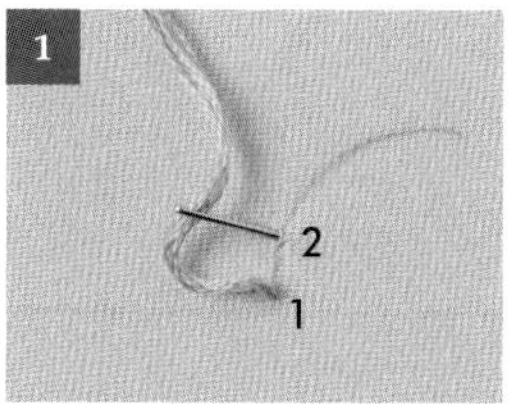

1から針を出し、2に入れる。

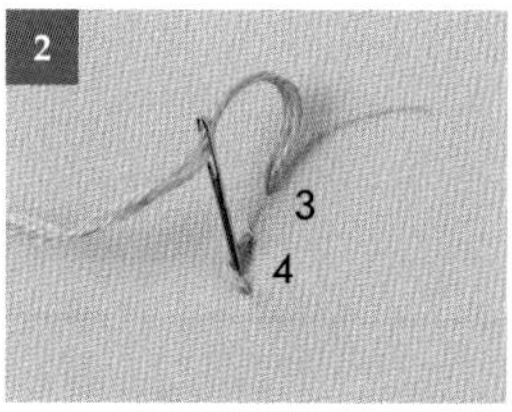

3から針を出し、1と2の間に糸をよけながら4に針を入れる。

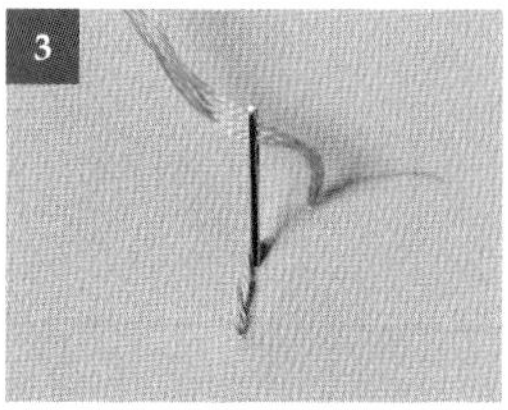

2をくり返す。

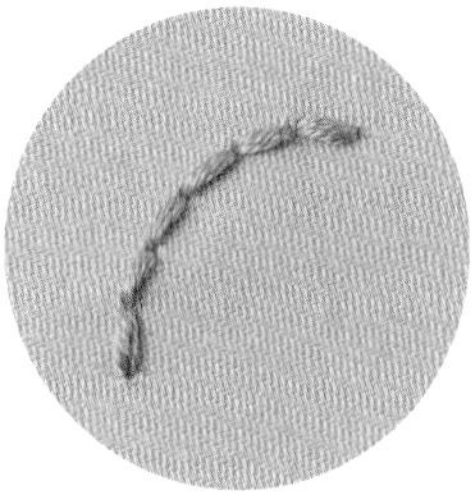

バック・ステッチ

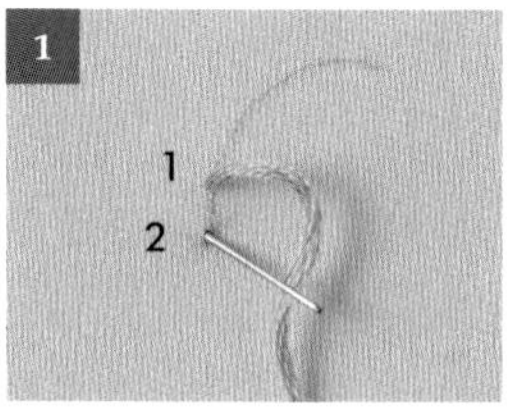

1から針を出し、戻って2に針を入れる。

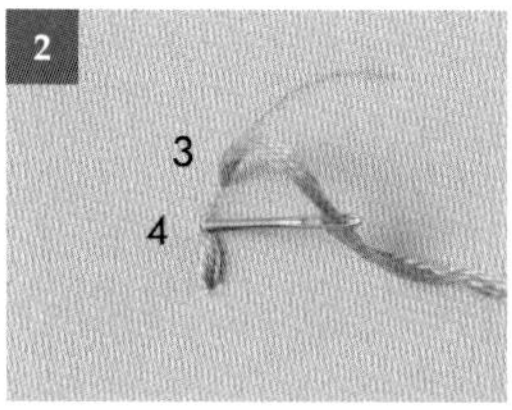

3から針を出し、戻って4（1と同じ穴）に針を入れる。これをくり返す。

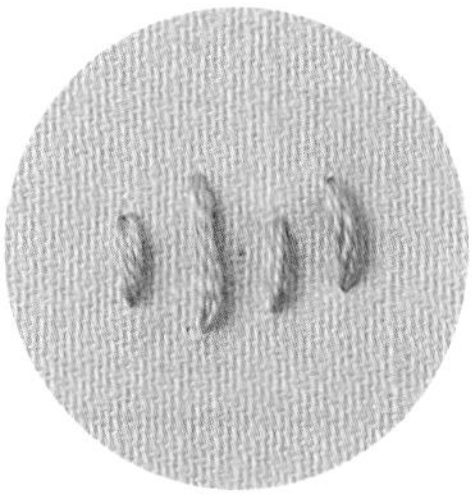

ストレート・ステッチ

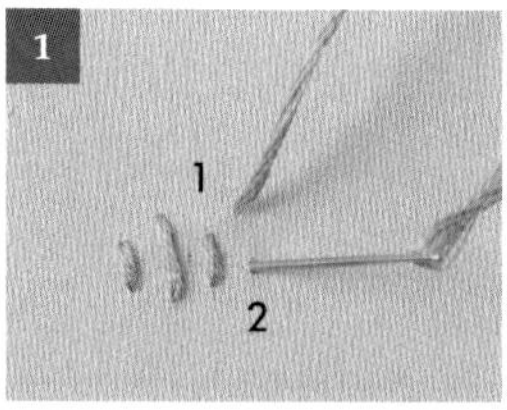

1から針を出し、2に針を入れる。

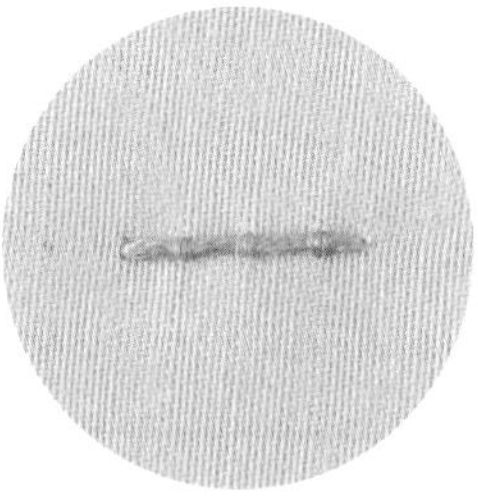

コーチング・ステッチ

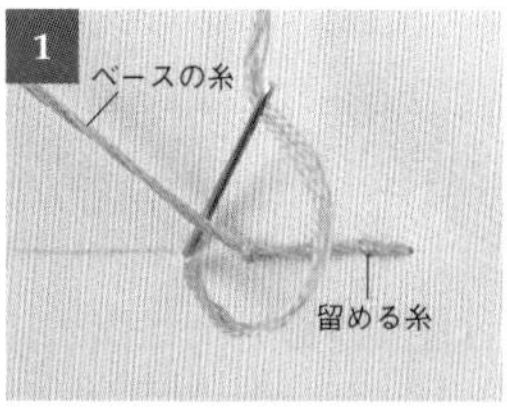

ベースの糸と留める糸の2つを用意し、図案に沿って糸を留める。

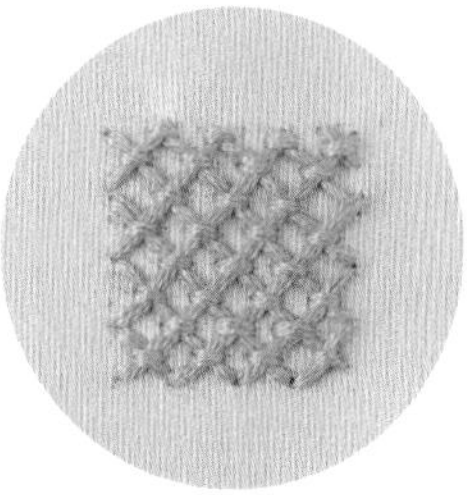

コーチドトレリス・ステッチ

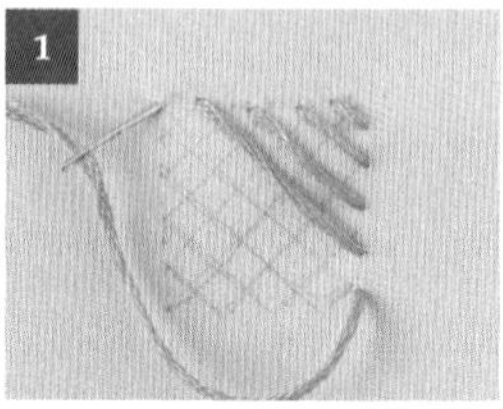

格子状に図案を描き、同じ向きの斜線をすべて刺す。

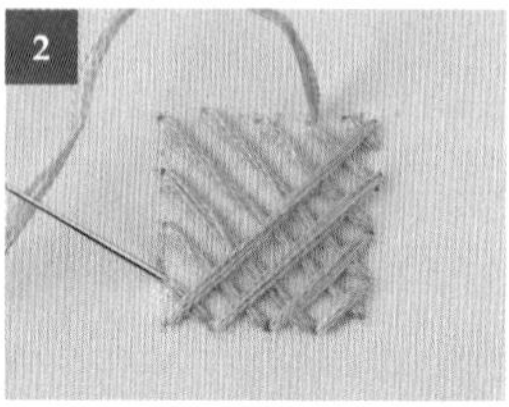

1の上に反対向きの斜線を刺す。

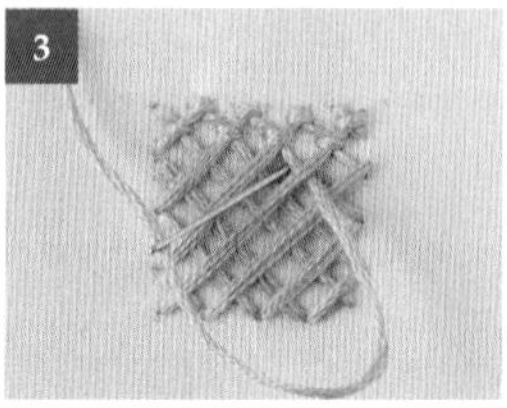

交差部分を1列ずつ小さく留める。

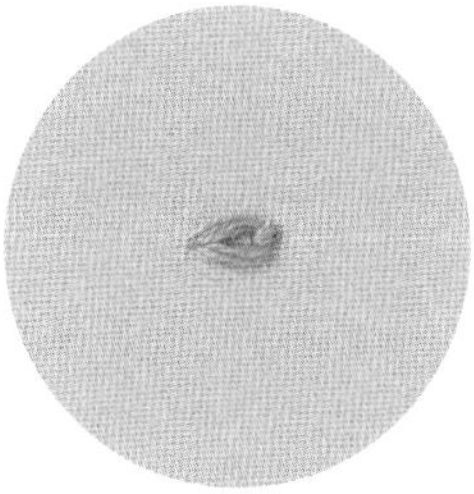

レゼーデージー・ステッチ

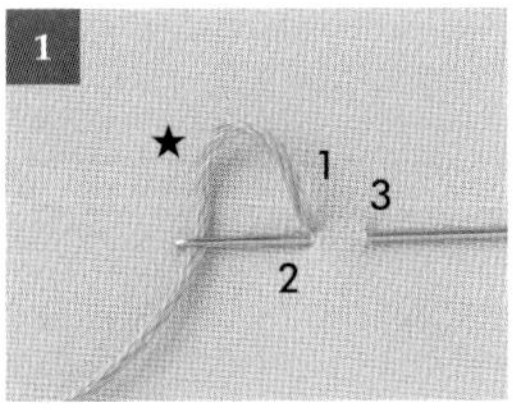

1から出し、2に入れて3に出す。★を持つ。

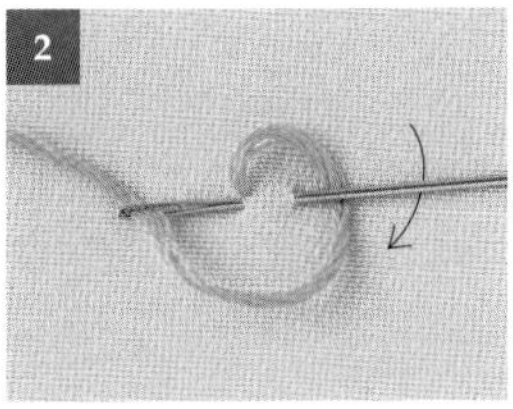

矢印の向きで針に糸をかける。

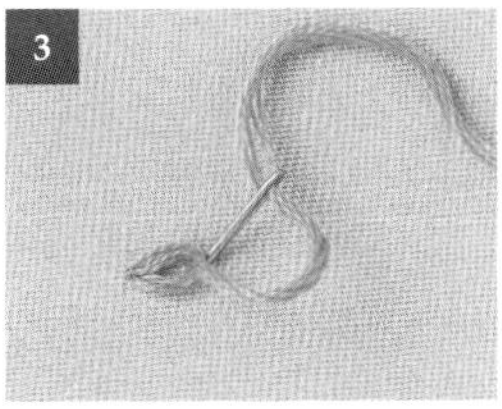

針を抜き、輪の外側から3とほぼ同じ穴に針を入れる。

チェーン・ステッチ

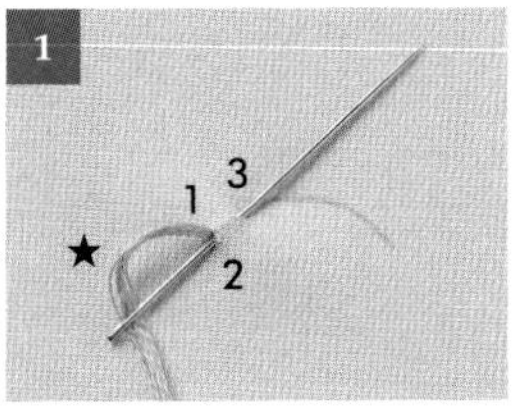

図のように針をセットする(1から出し、2から入れて3から出す)。

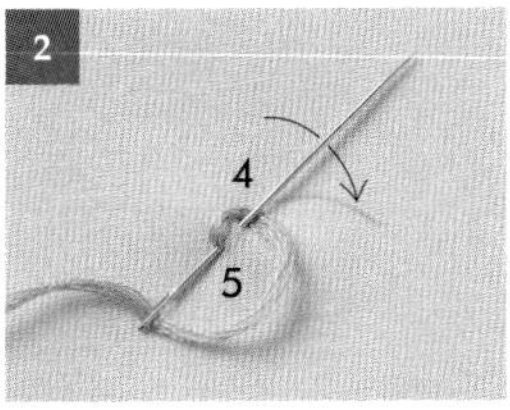

★を持ち、矢印のように針に糸をかける。

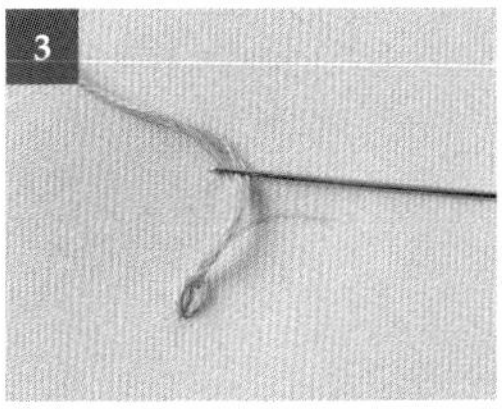

針を抜く。同じ要領で、輪の中に針を入れてくり返す。

サテン・ステッチ

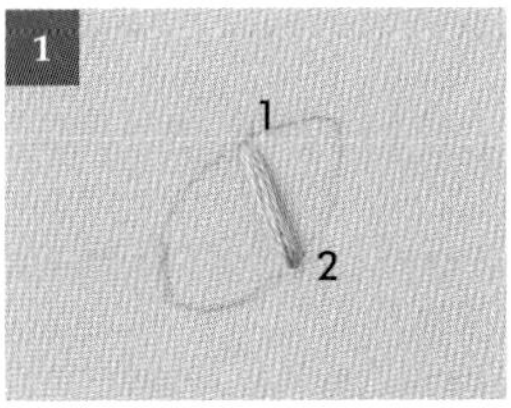

刺し埋める図案の中央に、基準となる1本を刺す(1から出し、2から入れる)。

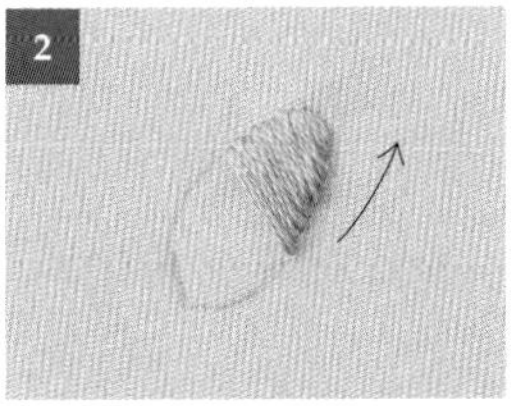

片側を端まで刺し埋める。糸が平行に並ぶように刺す。

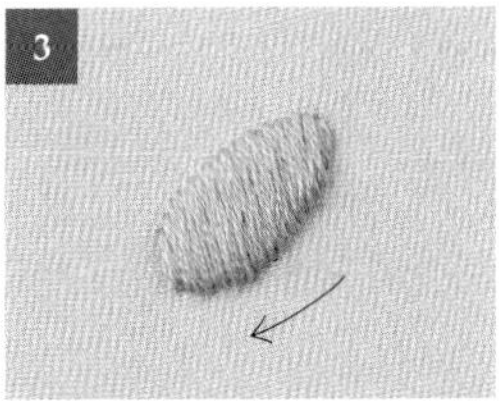

もう片側を中央から同様に刺して埋める。

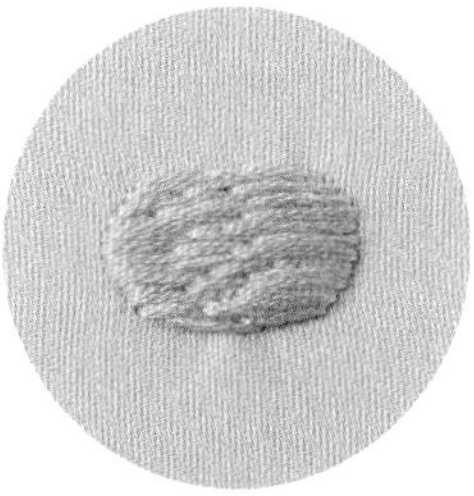

ロング&ショート・ステッチ

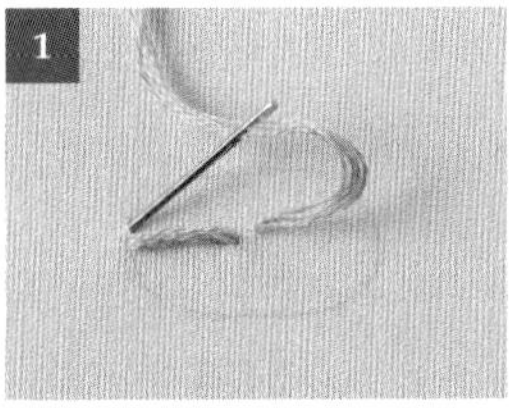

図案の中央に基準となる1本を刺す。その後長短を交えながら平行に刺す。

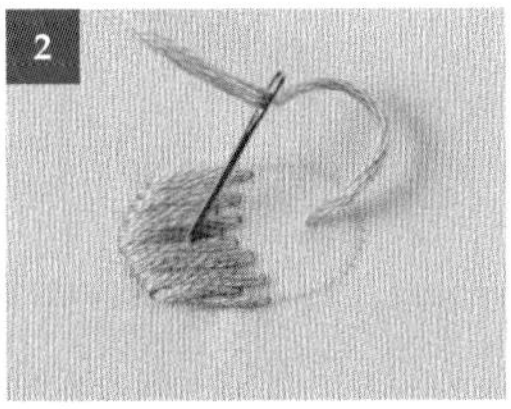

少し先に針を出し、前のステッチの間を割るように針を入れる。

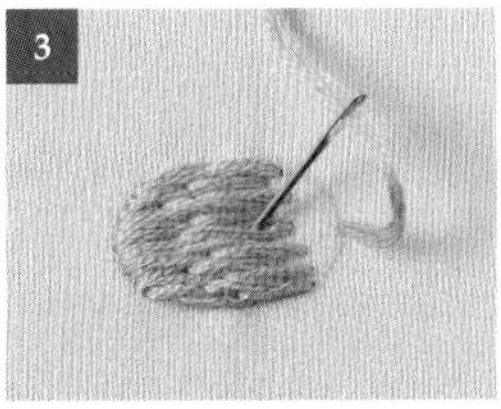

端まで同様にくり返す。

ステッチガイド

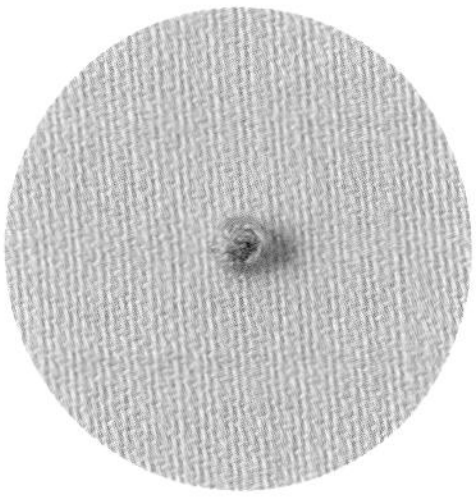

フレンチノット・ステッチ

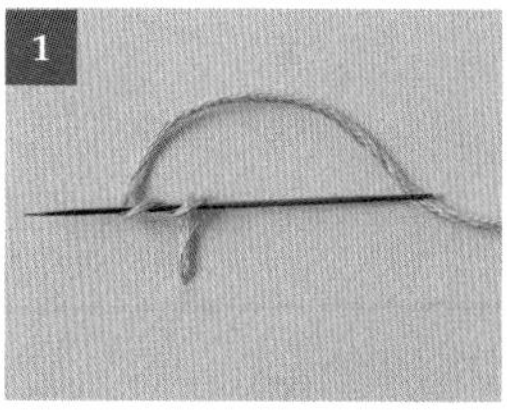

針を出し、糸を指定の回数針に巻きつける。写真は2回巻いたところ。

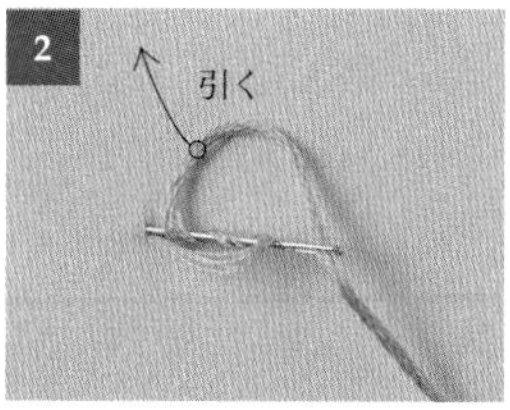

1で針を出したすぐ横に針を入れる。矢印のように糸を引いた後、針を裏側に出す。

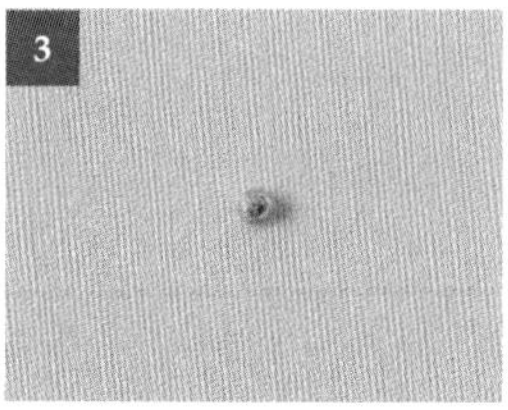

できあがり。

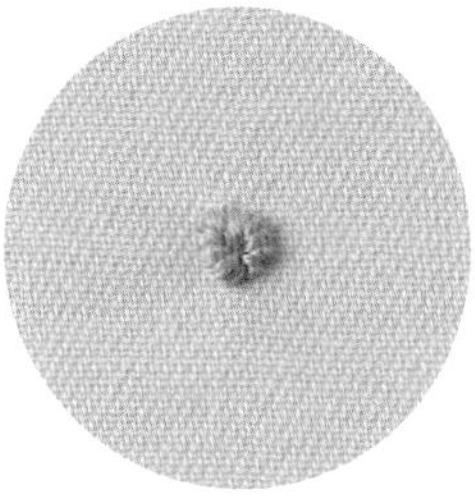

バリオンノット・ステッチ

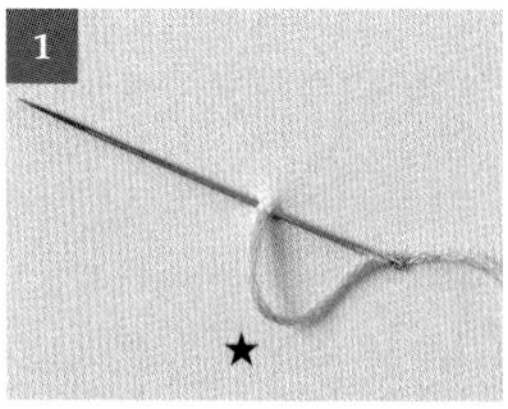

布の表側に1回針を出し、すぐ隣を少しだけすくう。★を持つ。

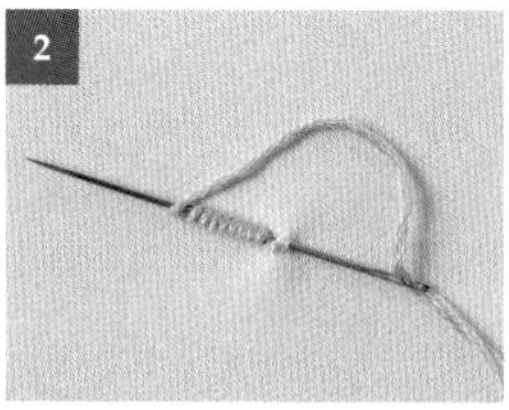

約10回針に巻きつける。針に巻きつけた糸を指でおさえながら針を抜く。

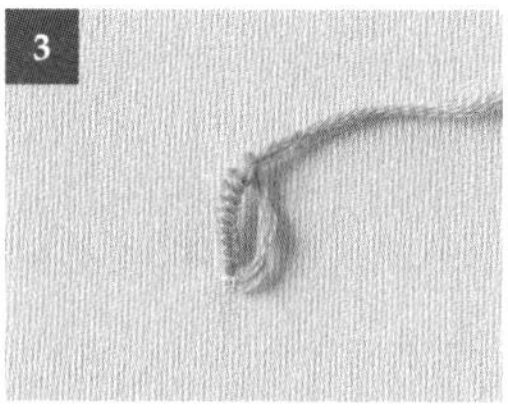

針を抜いたところ。

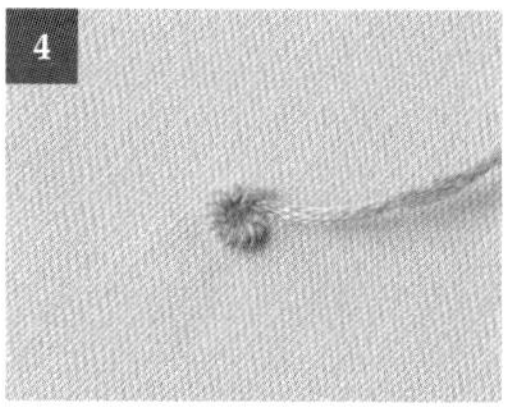

さらに糸を引くと、巻いた糸が丸くなる。

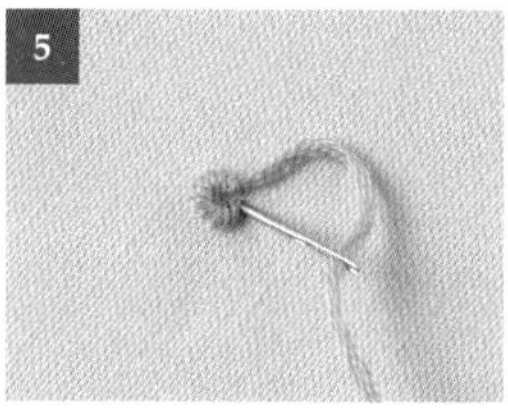

根元に針を入れる。

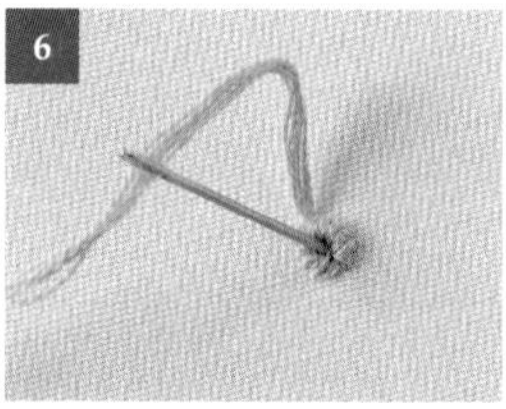

円のふちから針を出し、中心に針を入れてステッチが浮くのを留める。

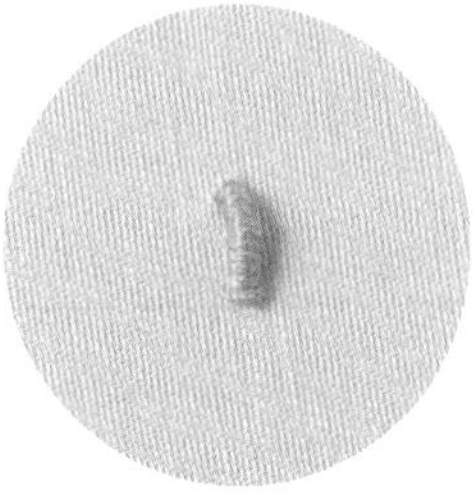

バリオン・ステッチ

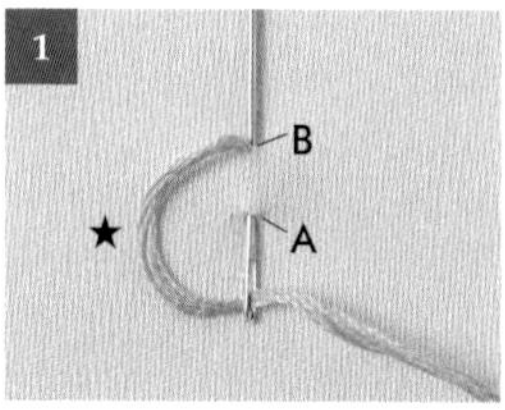

図のように針をセットする(Bから針を出し、戻ってAに入れ,Bから出す)。★を持つ。

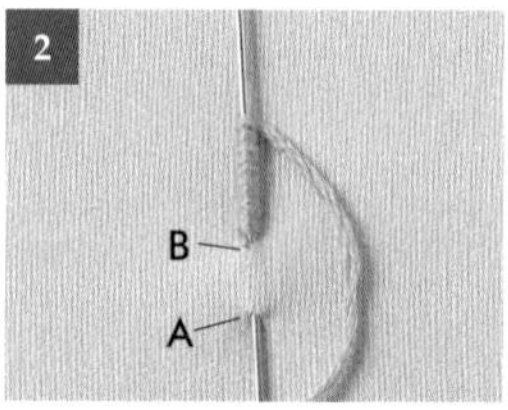

針に約10回巻きつける。針に巻きつけた糸を指でおさえながら針を抜く。

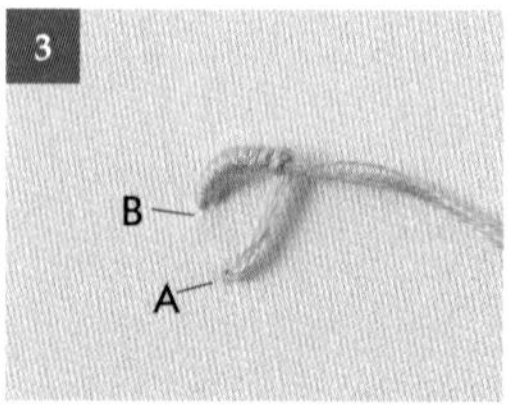

針を抜いたところ。Aのすぐ隣に針を入れる。

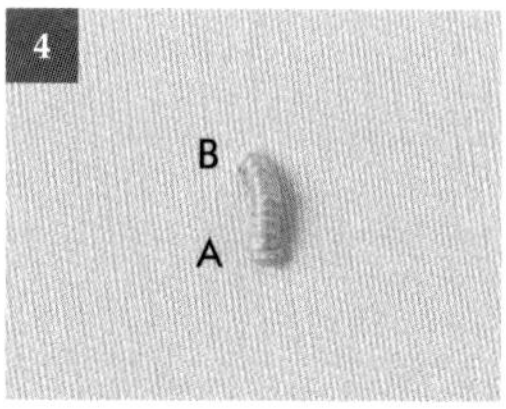

できあがり。

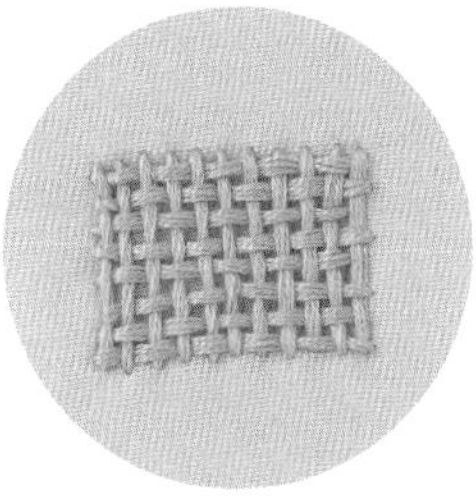

バスケット・ステッチ

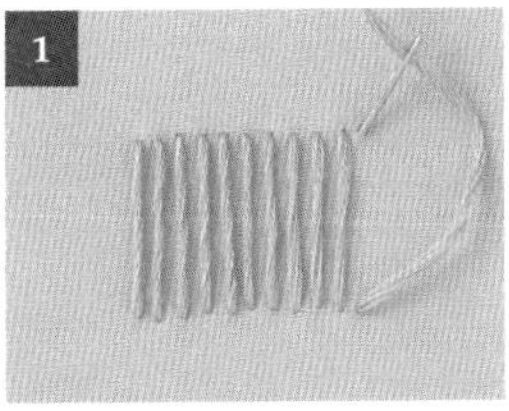

刺し埋めたい図案に、縦に等間隔にストレート・ステッチを刺す。

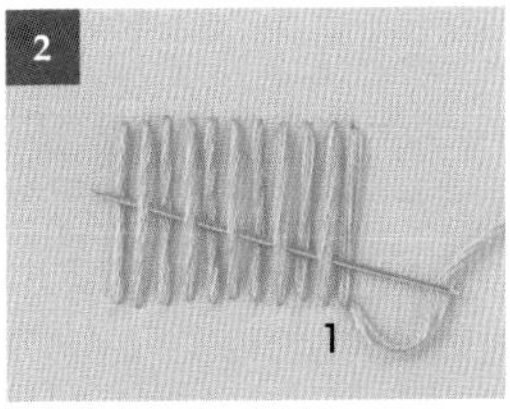

1から糸を出し、針を縦の糸に上下交互にくぐらせる（このとき布はすくわない）。

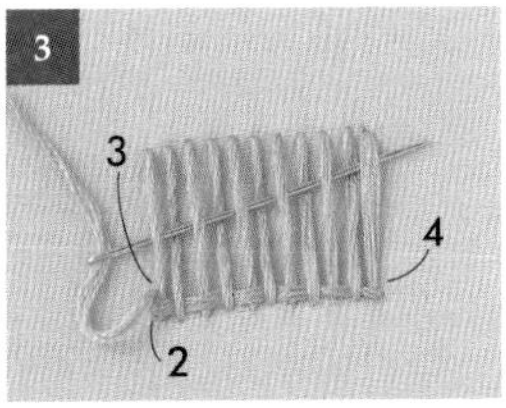

2に針を入れる。すぐ上の3から針を出し、2と互い違いになるように上下交互にくぐらせる。4に針を入れる。2と3をくり返す。

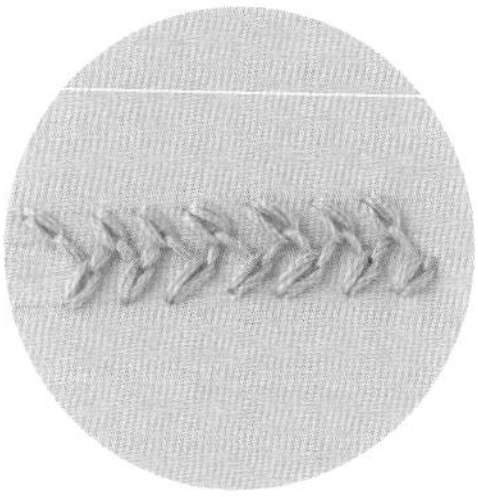

チェーンフェザー・ステッチ

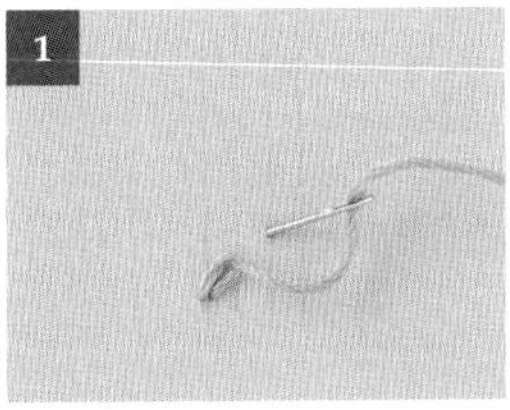

ガイド線を4本描き、斜めにチェーン・ステッチを刺す。1本隣のガイド線にストレート・ステッチを刺す。

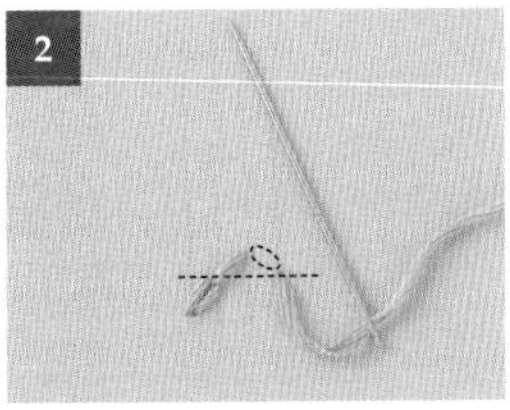

次に反対の端からチェーン・ステッチを刺す。1のチェーン・ステッチの終わりと針の出す位置の高さをそろえる。

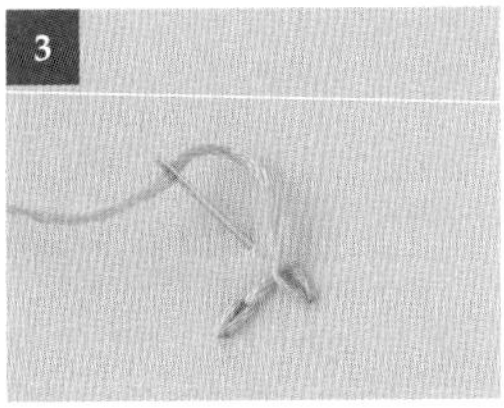

チェーン・ステッチを刺したら、1本隣のガイド線にストレート・ステッチを刺す。これを左右交互にくり返す。

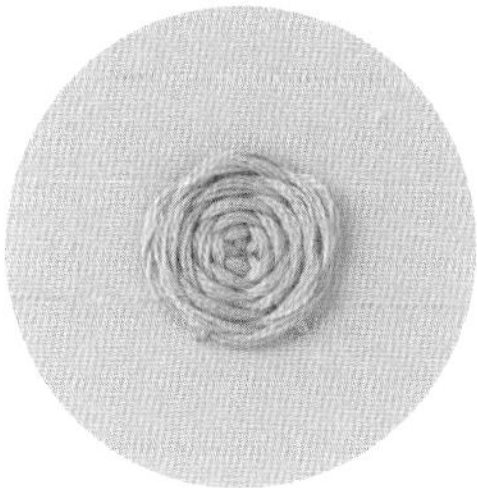

スパイダー ウェブローズ・ステッチ

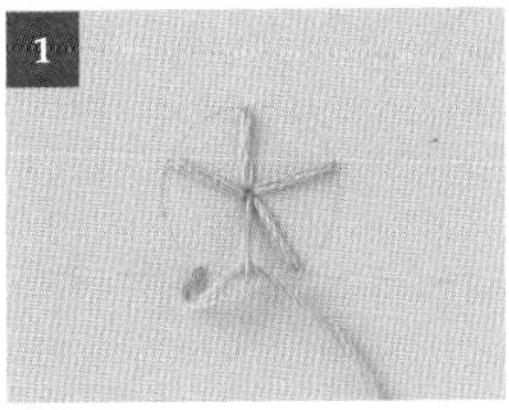

円の中心から放射状に5本、ストレート・ステッチを刺す。

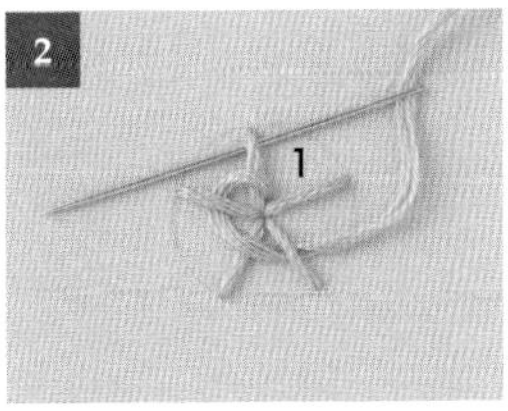

1から針を出し、1の糸に上下交互にくぐらせる。奇数本なので2周め以降は1周めと互い違いになる。糸を強く引きすぎないようにしながら外側に向かって巻く。

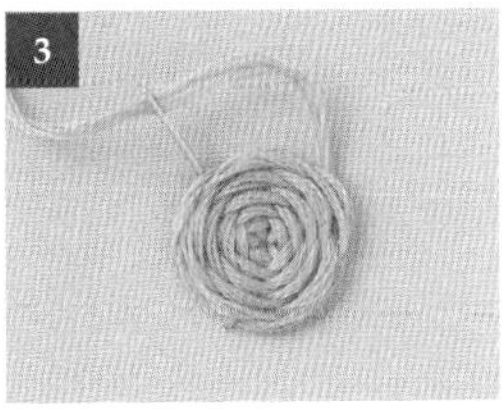

1のストレート・ステッチが隠れるまで埋まったら糸の下に針を入れる。

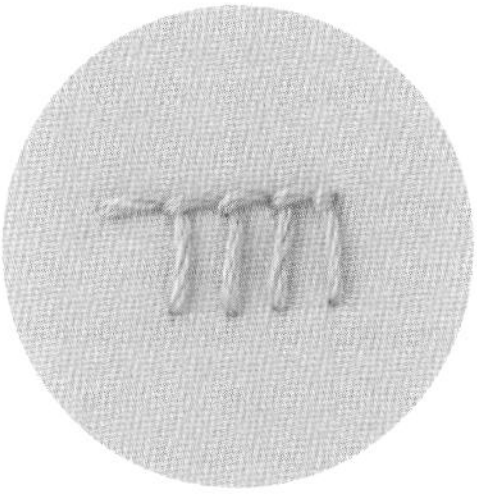

ブランケット・ステッチ

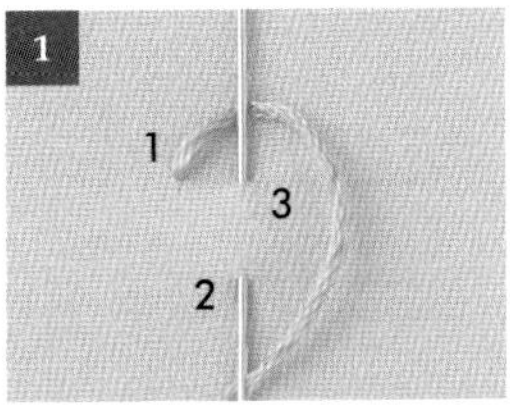

1から針を出し、2に針を入れ、3から針を出す。このとき、針に糸をかける。

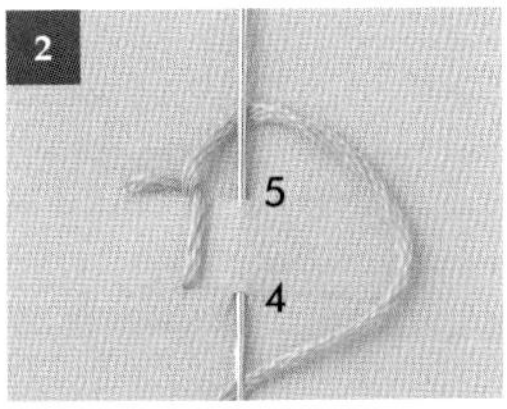

2、3と同じ幅で、平行に4、5を刺して針に糸をかける。これをくり返す。

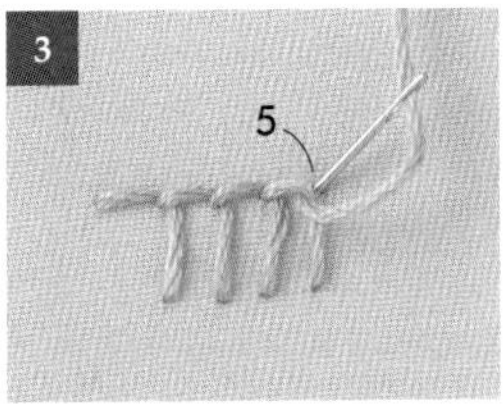

刺し終わりは針を5の外側のきわに刺す。

ポイントガイド

サテン・ステッチ

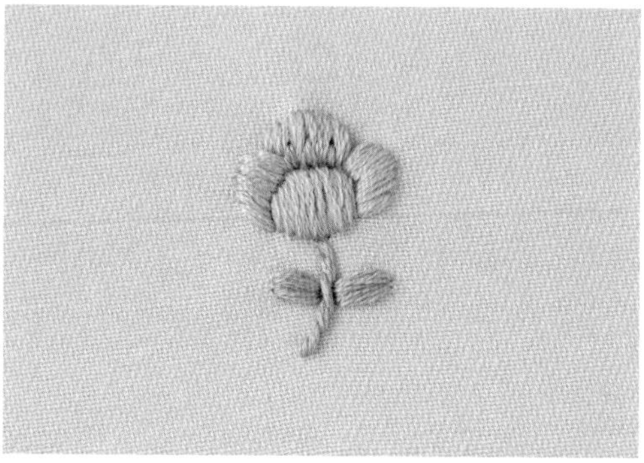

●1色で隣り合った別々のパーツを表現する

同じ色でパーツを刺し分ける場合、隣同士が一体化しないようにパーツごとに向きを変えて溝を作ります。隣のパーツと接しているところは、隣のパーツを同じ穴に刺すようにします。

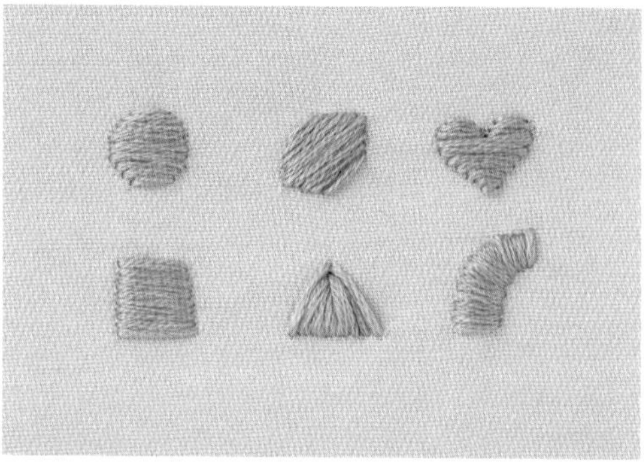

●サテン・ステッチをきれいに見せるコツ

刺繍糸で複雑な形を埋める場合、基準となるガイド線(ここではピンク色の糸)を刺し、それを基準に平行に埋めていきます。三角形や少しずつカーブする面を刺すときは、まずガイド線を入れてから、その間を埋めるように刺していくと、きれいに仕上がります。

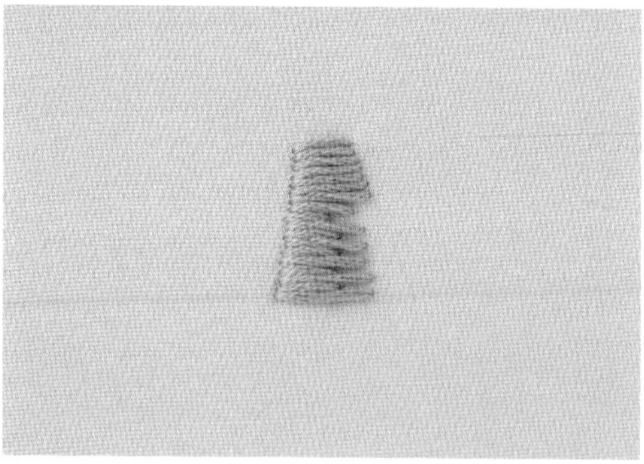

●サテン・ステッチから
ロング&ショート・ステッチに移るとき

広い面積をサテン・ステッチで刺す場合、ひと目が長くなると、使っているうちに糸が動いて土台の布地が見えてしまいます。ひと目が1cm以上になるときは、途中からロング&ショート・ステッチに切り替えて刺していきます。

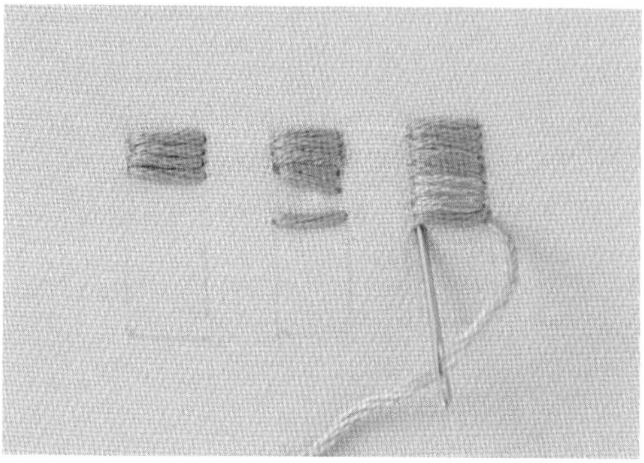

●サテン・ステッチの向きが
少し曲がってきてしまったとき

糸をほどいて刺し直す方法もありますが、少し曲がっただけなら刺しながら修正できます。2〜3目先にひと目刺し、なめらかに向きが変わるように続きを刺し埋めます。平行に刺すのがサテン・ステッチの基本ですが、放射状に少しずつ向きが変わるのは問題ありません。

チェーン・ステッチ

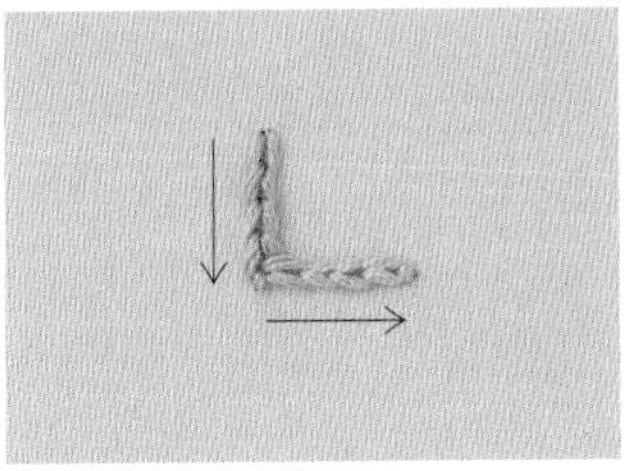

●L字に刺すとき

直角に曲げて刺す場合、端の目を一旦留めてから、改めて輪の中から針を出して向きを変えて刺します。

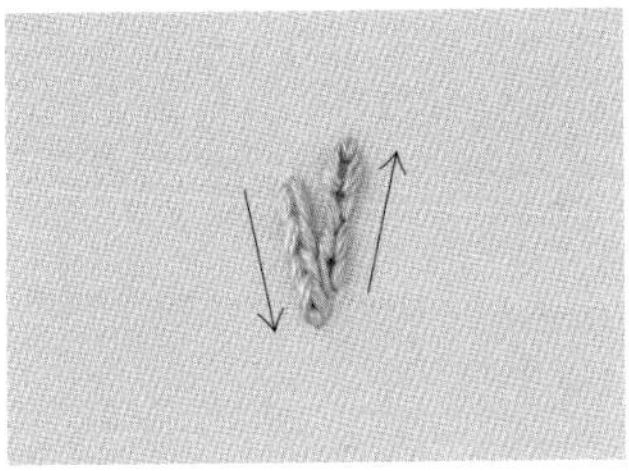

●V字に刺すとき

鋭角に刺す場合、端の目を一旦留めてから、留めた位置を頂点にして少しずらした位置に針を出して刺します。

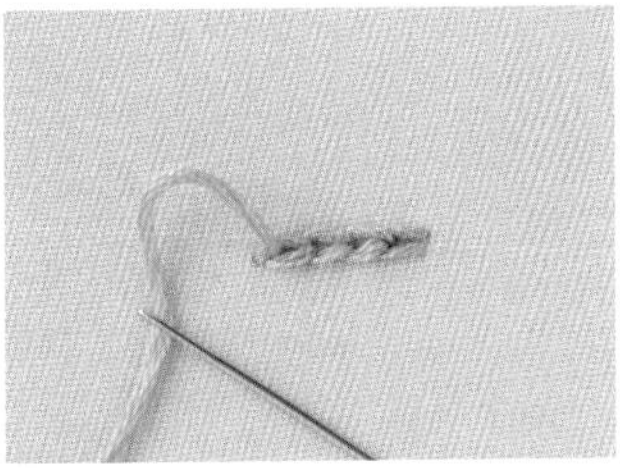

●糸をつなぐとき

次の糸を最後の目の輪の中から表側に出し、続きを刺します。

●四角く刺し埋めるとき

チェーン・ステッチで往復しながら四角い図案を刺し埋めていくと、端にすき間ができます。その場合、すき間にストレート・ステッチ(ここではピンクの糸)を刺すとすき間が埋まります。

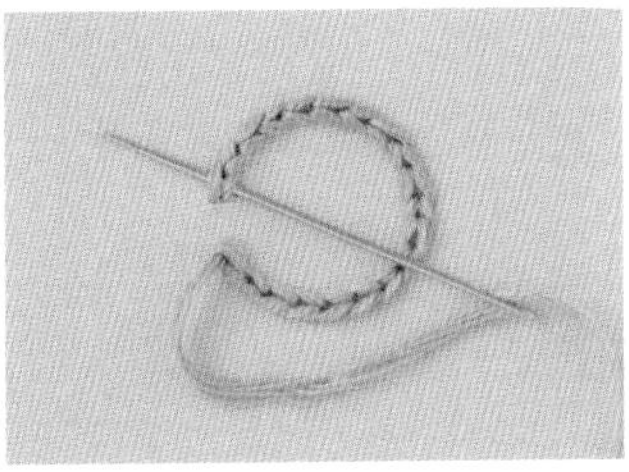

●チェーンを輪につなぐとき

最初のひと目に写真のように布に刺さずに針を通し、最後に作った輪の中に針を入れると輪がつながります。

刺し方図の見方

図案はすべて実物大で掲載しています。

作品名と掲載ページ

使用した糸の種類、色番号と図の中の色の表記

①❷3 4 数字は刺す順番

数字がある場合は糸の色番号(写真でわかりにくいところのみ記載)

Sはステッチの略

青の太い線はサテン・ステッチの刺し始め位置と向き

青の細い線はサテン・ステッチの向き

手芸道具 Photo p.9

●刺繍糸

DMC25番刺繍糸
- 薄水色　927
- 緑　319
- 白　BLANC
- 黄　17
- 茶　08
- 黒　3799

●布

COSMOフリーステッチ用コットンクロス(ペールグレー)
市販のコットンリネン(グリーン)

●サイズ

直径5㎝の円／6㎝×4.5㎝のだ円

●刺し方

指定以外サテンS、指定以外2本どり

●仕立て方

ブローチ　p.67

手芸アイコン Photo p.8

●刺繍糸

DMC25番刺繍糸

■ 茶　08
■ 緑　319
黄　17
■ 黒　3799
■ 水色　927
□ 白　BLANC

●布

市販のコットンクロス（イエロー）

●刺し方

指定以外サテンS、指定以外２本どり

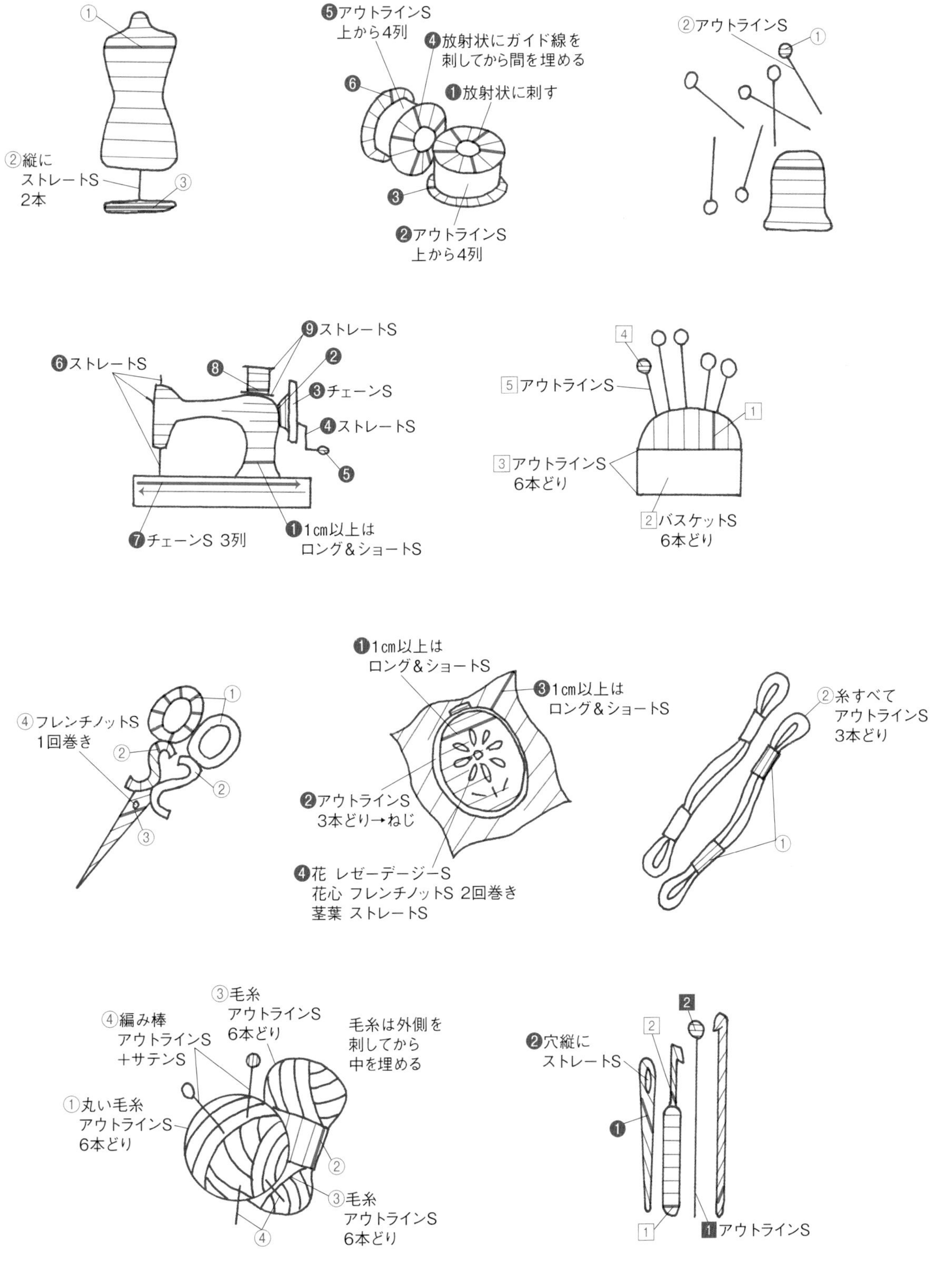

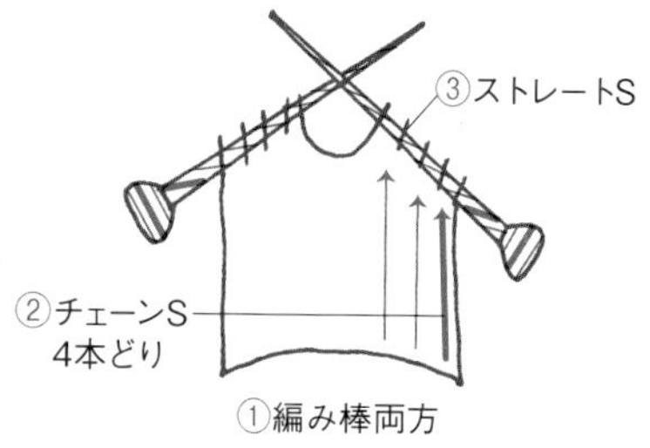
③ストレートS
②チェーンS
4本どり
①編み棒両方

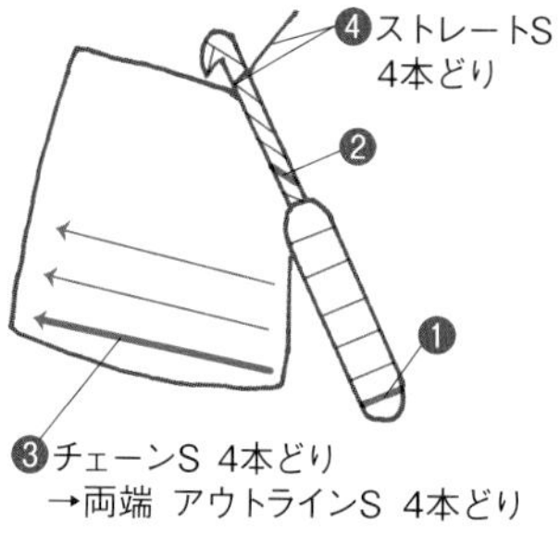
❹ストレートS
4本どり
❷
❶
❸チェーンS 4本どり
→両端 アウトラインS 4本どり

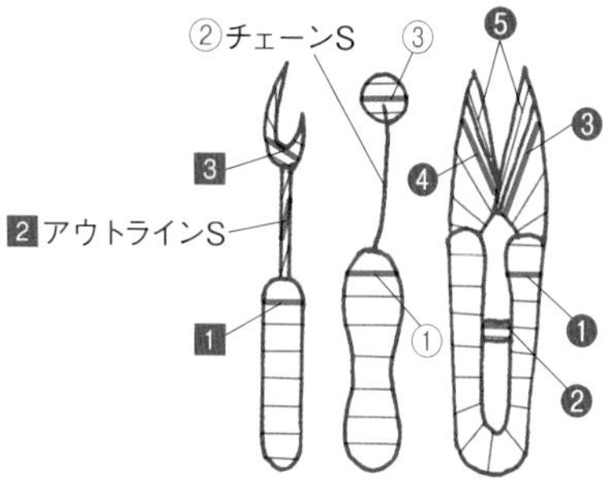
②チェーンS
③
❺
3
❹
❸
2 アウトラインS
1
①
❶
❷

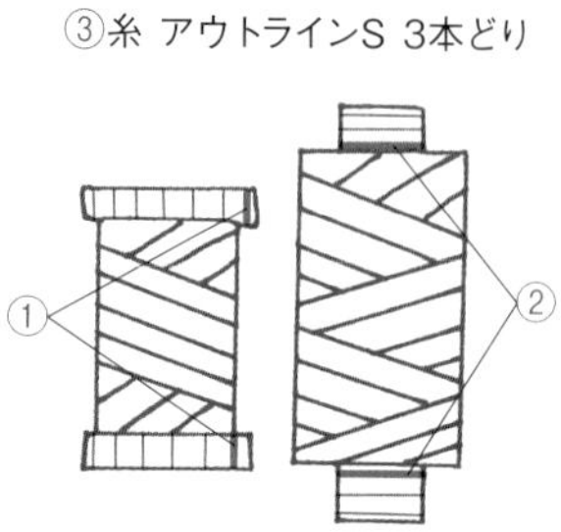
③糸 アウトラインS 3本どり
①
②

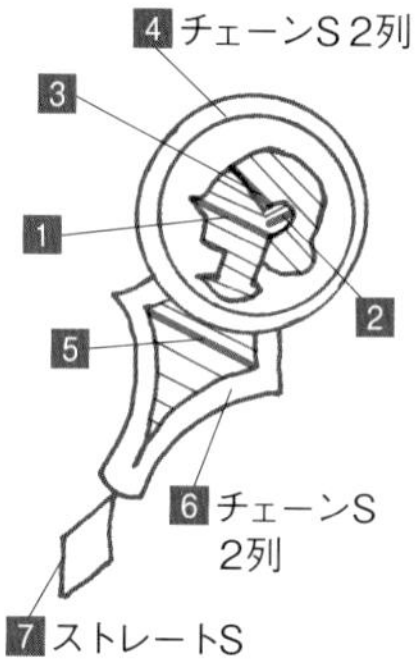
4 チェーンS 2列
3
1
2
5
6 チェーンS
2列
7 ストレートS

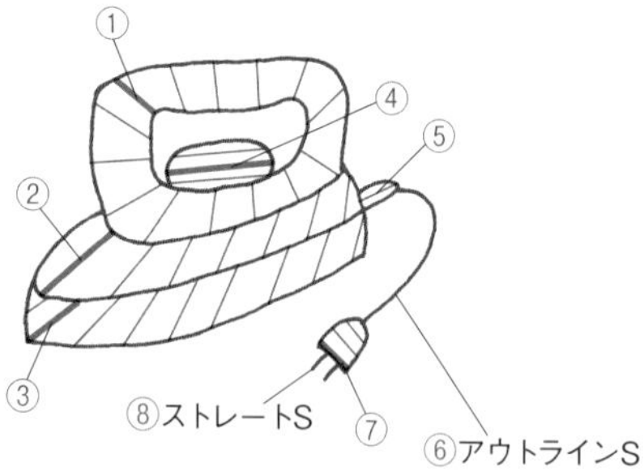
①
④
⑤
②
③
⑧ストレートS
⑦
⑥アウトラインS

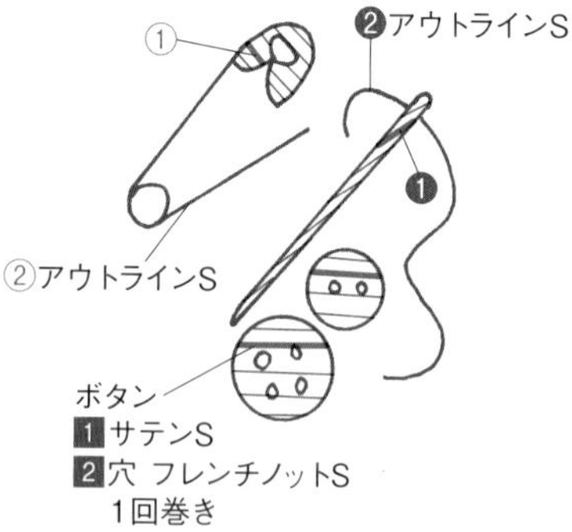
①
❷アウトラインS
❶
②アウトラインS
ボタン
1 サテンS
2 穴 フレンチノットS
1回巻き

②
①
③
⑥フレンチノットS、
2回巻き
④
⑤

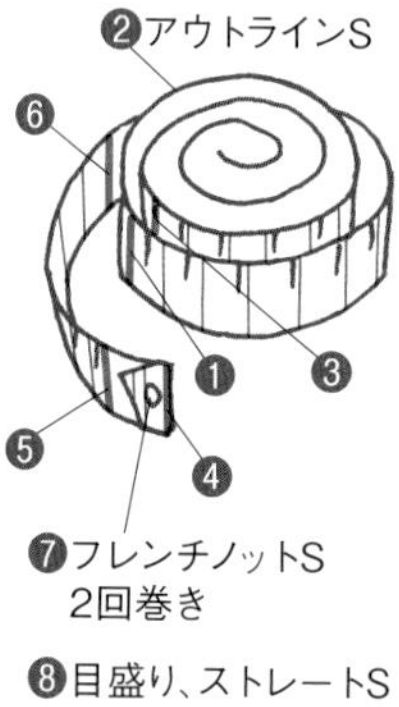
❷アウトラインS
❻
❶
❸
❺
❹
❼フレンチノットS
2回巻き
❽目盛り、ストレートS

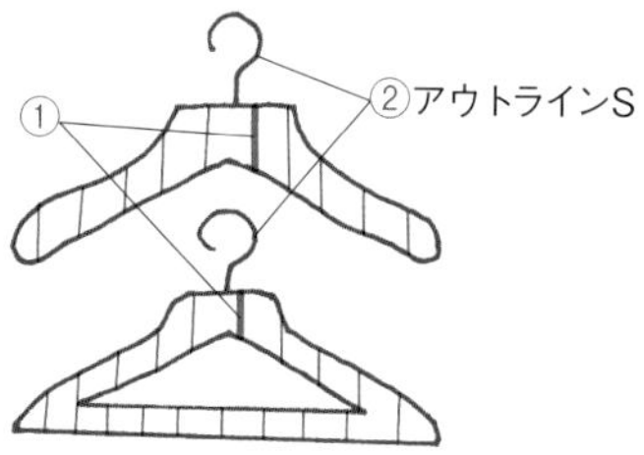
①
②アウトラインS

観葉植物と切り花 Photo p.30

●刺繍糸

DMC25番刺繍糸

緑　367	黒　310
白　BLANC	緑　988
グレー　415	赤　3777
茶　829	黄　165

●布

COSMOフリーステッチ用コットンクロス（ライトハニー）

●刺し方

指定以外サテンS、指定以外２本どり
文字はすべて１本どり、アウトラインS
文字の点はフレンチノットS １本どり ２回巻き

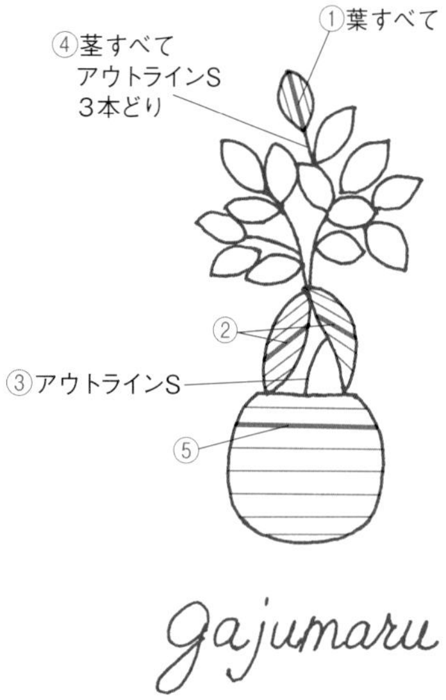

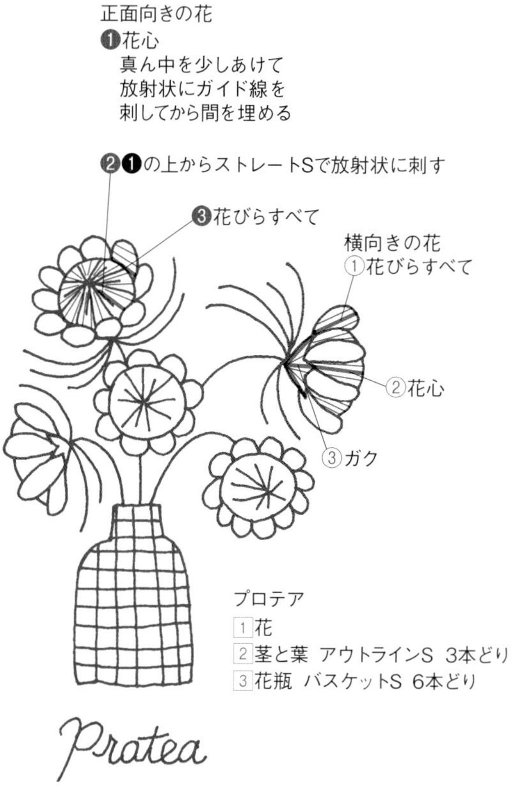

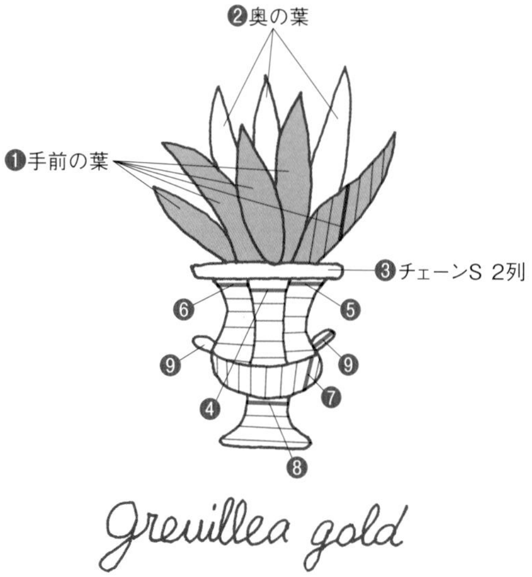

Monstera

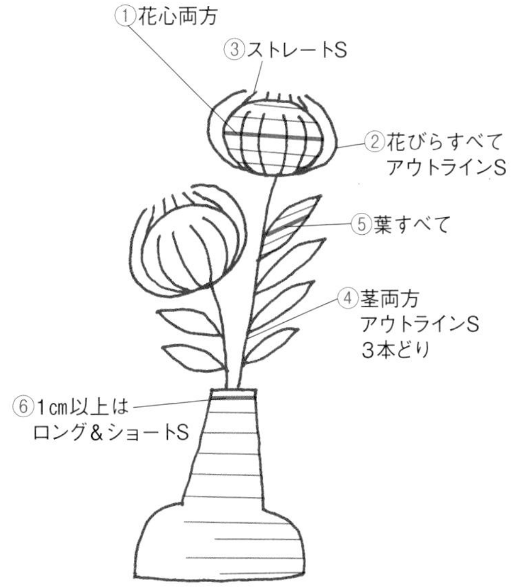

Pincushion

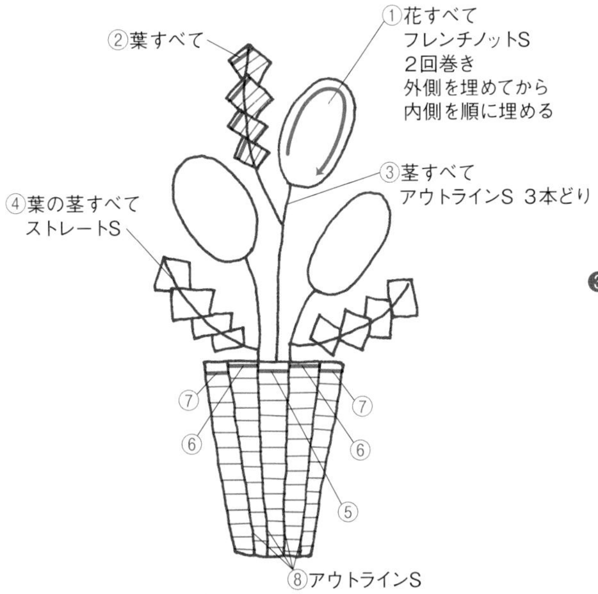

Banksia

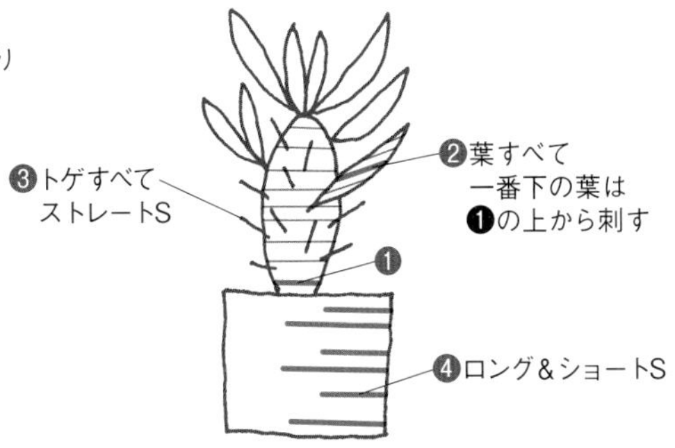

Pachypodium

本のある風景 Photo p.12

●刺繍糸

DMC25番刺繍糸

- ■ 黒　310
- ■ グレー　03
- ■ 緑　367
- ■ 深緑　500
- ■ 茶　434
- 黄　728
- □ 生成り　ECRU
- ■ 赤　22

●布

COSMOフリーステッチ用コットンクロス（ペールグレー）

●刺し方

指定以外サテンS、指定以外２本どり

●サイズ

直径4cmの円

縦6cm×横4cmのだ円

●仕立て方

ブローチ　p.67

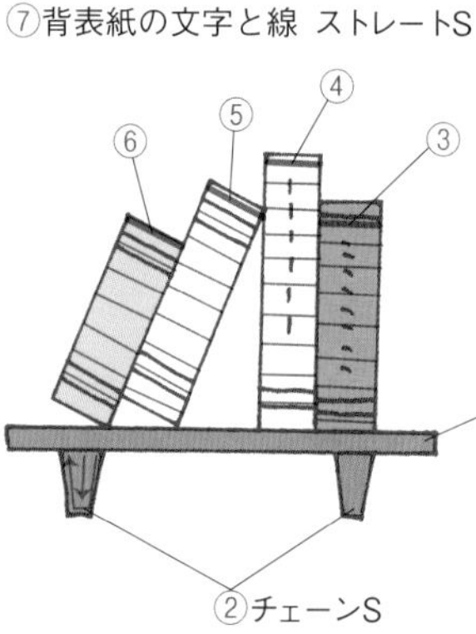

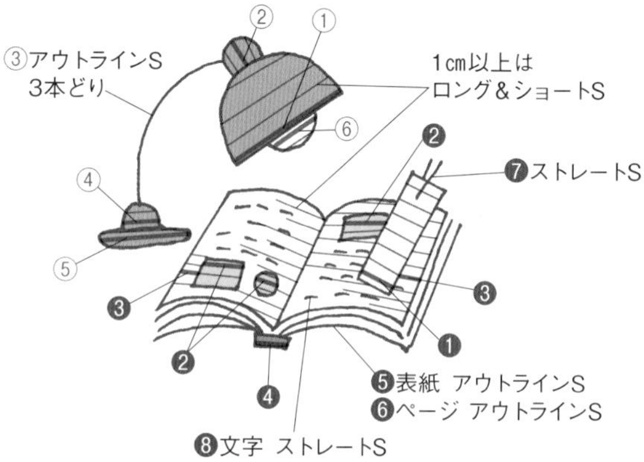

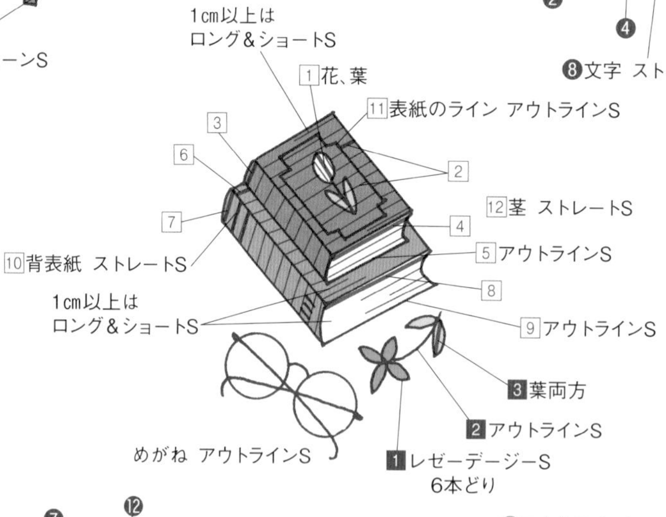

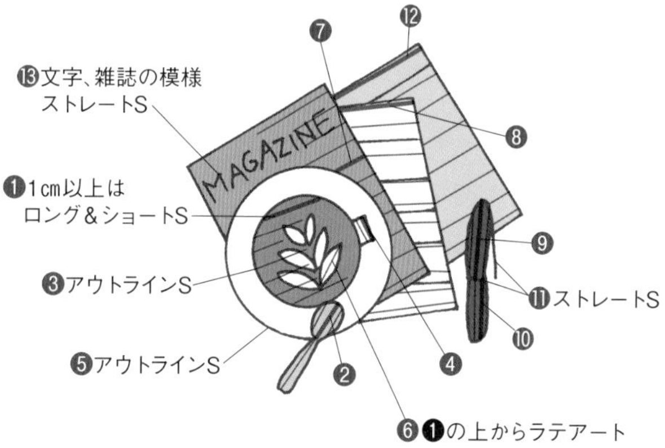

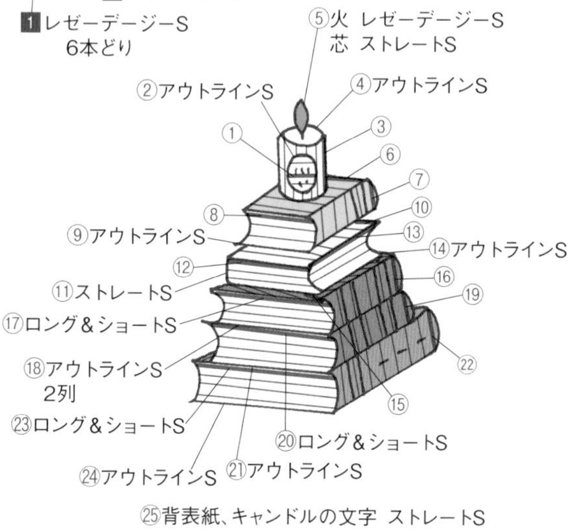

グラニースクエア ||||||||||| Photo p.11

Photo p.11

●刺繍糸

DMC25番刺繍糸

- ■ オレンジ　352
- ■ ミント　964
- □ 白　BLANC
- ■ グレー　415

●布

COSMOフリーステッチ用コットンクロス（ホワイト）

●サイズ

縦13cm×横21cmのだ円枠

●刺し方

すべてチェーンS、すべて3本どり

●大まかな刺し順

1. 真ん中のモチーフ
2. 左右のモチーフ2つ

●仕立て方

刺繍枠　p.95

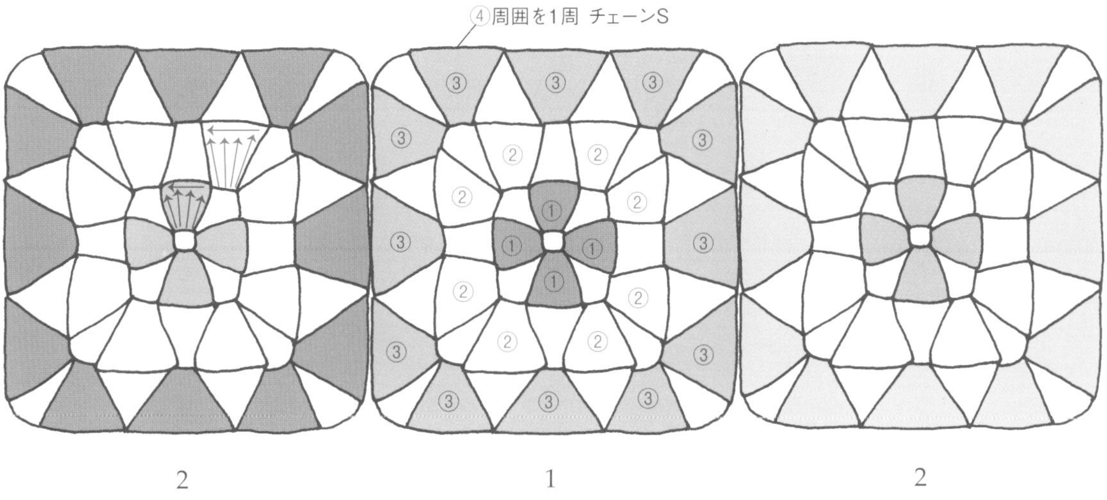

①と②の刺し方

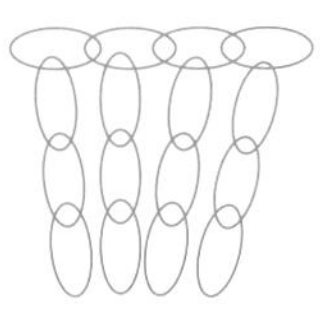

③の刺し方

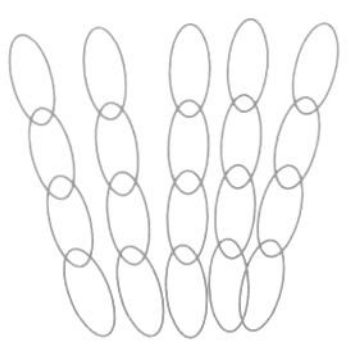

上部分は④で埋める
面積が広い場合は6列でもOK

ニードルブックと針山 Photo p.10

●刺繍糸

DMC25番刺繍糸
- オレンジ　352
- ミント　964
- 茶　451
- グレー　415

●布

COSMOフリーステッチ用コットンクロス（ホワイト）

●サイズ

縦10cm×横8.5cm

●刺し方

指定以外サテンS、指定以外２本どり

●仕立て方

ニードルブック　p.67

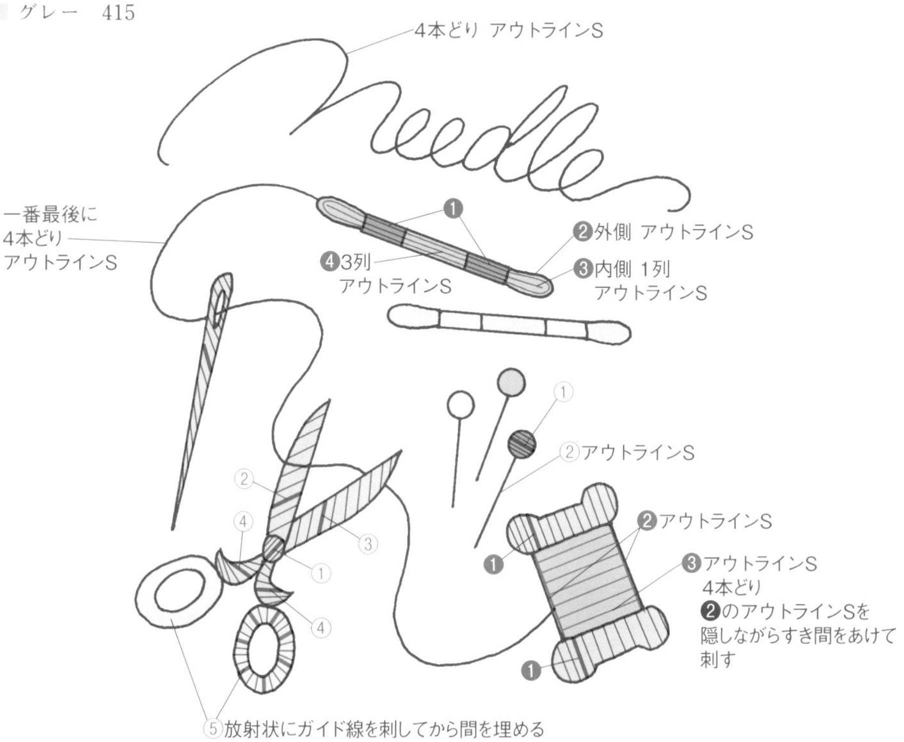

●刺繍糸

DMC25番刺繍糸
- 茶　451

●布

COSMOフリーステッチ用コットンクロス
（ペールグレー）

●サイズ

直径8cm

●刺し方

すべて３本どり

●仕立て方

針山　p.67

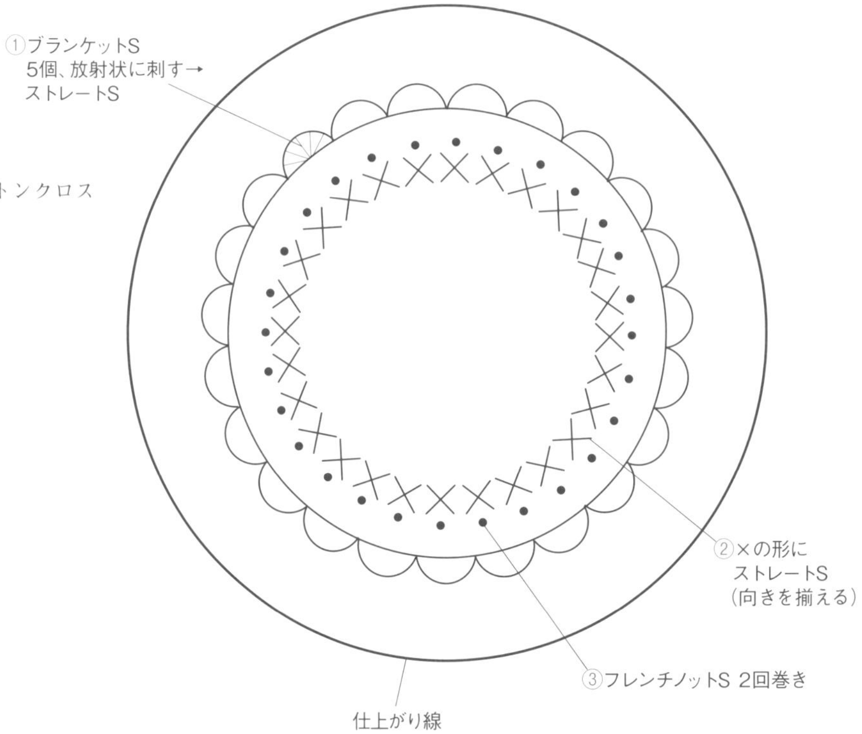

仕立て方

【ブローチ】

・ブローチ金具、接着剤を用意する。

1. 刺繍をした布をプレートの1.5㎝外側でカットし、布の端から5㎜内側をぐし縫いする。

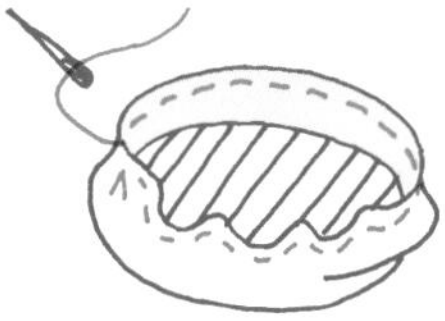

2. ブローチのプレートを裏にあて、ぐし縫いの糸を引き絞る。

3. しっかり布が張るように、星形に糸を渡しながら引き絞り、玉留めで留める。

4. ブローチ台に接着剤をつけ、貼る。

【ニードルブック】

・フェルトを用意する。

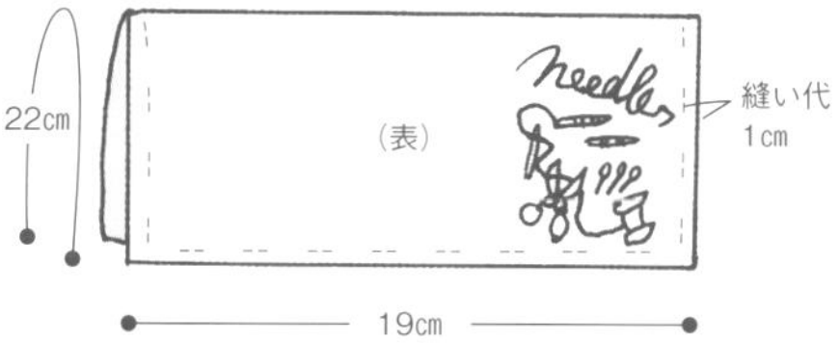

1. 布に刺繍をする。

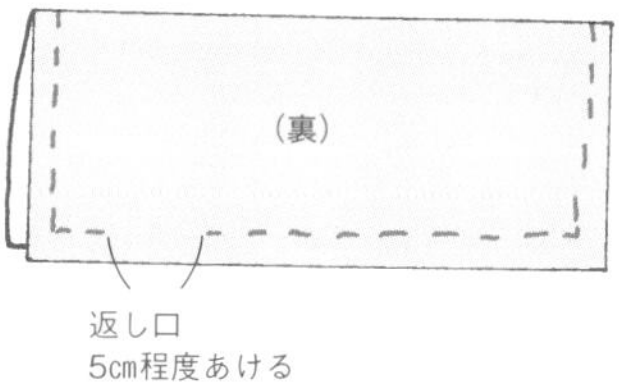

2. 中表に合わせて、返し口を残して縫う。

3. 返し口から表に返し、返し口をかがる。フェルトと布を重ね、2か所縫いとめる。

【針山】

・わたを用意する。

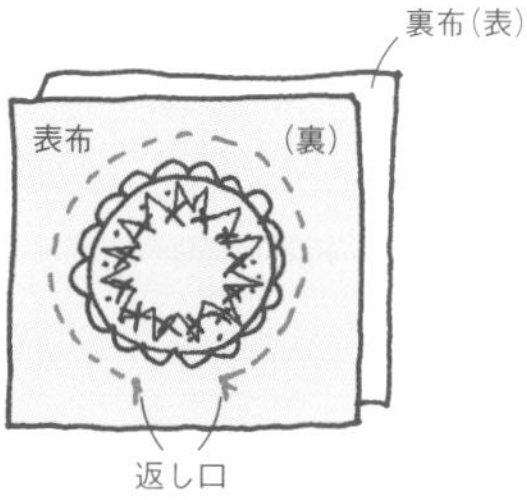

1. 表布に刺繍する。裏布と中表に合わせ、返し口を残して縫う。

2. 返し口から表に返してわたを詰め、返し口をまつる。

手芸道具 Photo p.9

●刺繍糸

DMC25番刺繍糸

- 薄水色 927
- 緑 319
- 白 BLANC
- 黄 17
- 茶 08
- 黒 3799

●布

市販のコットンツイル（ベージュ）
市販のコットンリネン（グリーン）

●サイズ

直径5cmの円
6cm×4.5cmのだ円

●刺し方

指定以外サテンS、指定以外２本どり

●仕立て方

ブローチ p.67

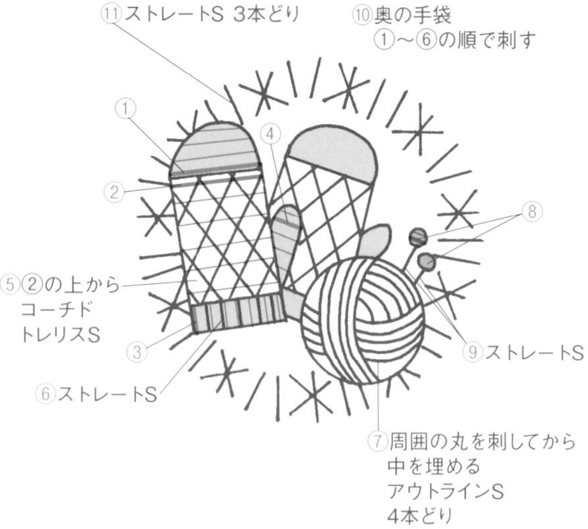

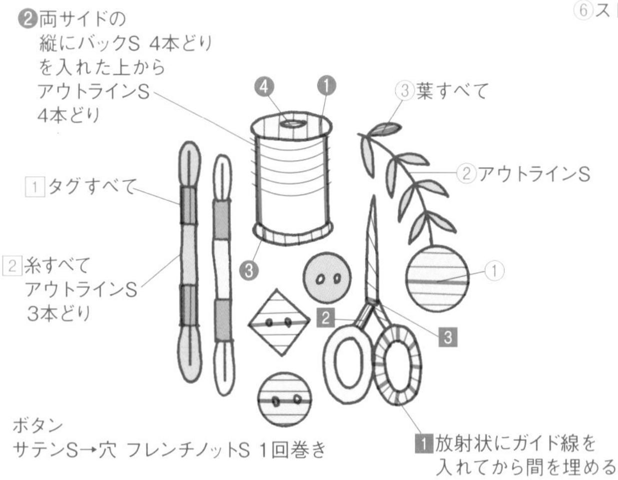

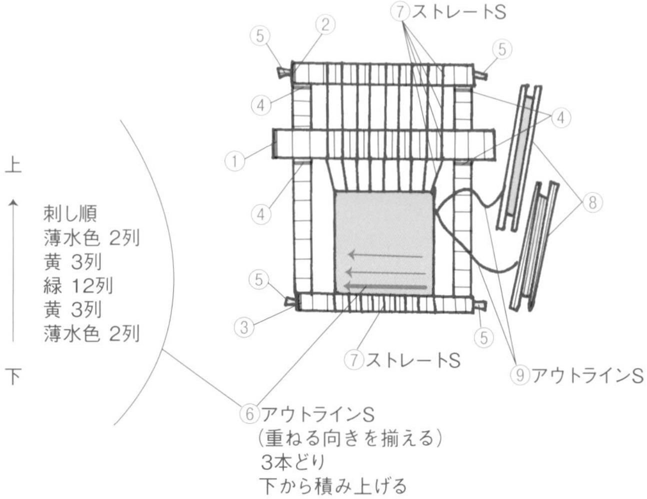

⑥
②茎部分を避けて刺す
1㎝以上はロング&ショートS
①花すべて
⑧針 ストレートS
⑨糸 アウトラインS
⑦
③茎 ②で作った溝にアウトラインS
④葉すべて
サテンSの上からストレートS
⑤アウトラインS 3本どり

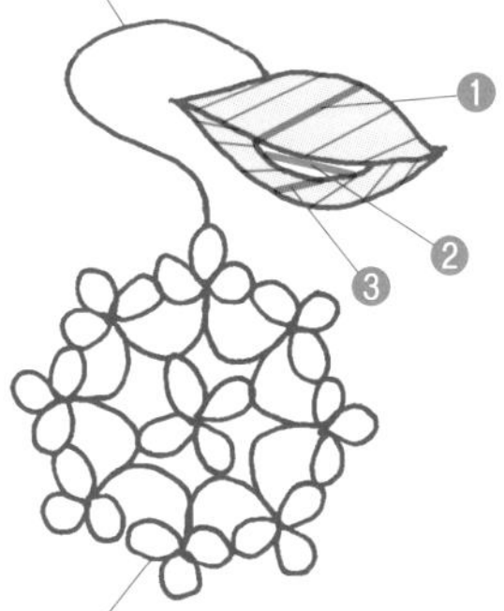
❹アウトラインS
❶
❷
❸
❺アウトラインS
中心から外側に向かって刺す

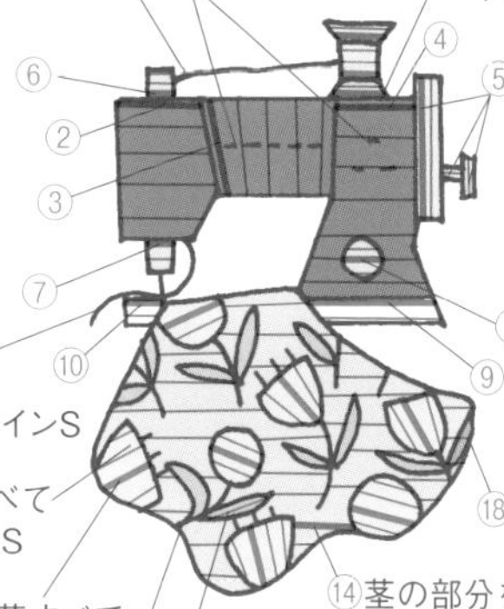
⑫糸 アウトラインS
⑧ストレートS
⑪糸巻き
下から順に刺す
④
⑥
⑤
②
③
⑦
①
⑩
⑨
⑫糸
アウトラインS
⑰おしべすべて
ストレートS
⑱周囲 アウトラインS
⑬花すべて
⑭茎の部分を避けて刺す
1㎝以上は
ロング&ショートS
⑯葉すべて サテンSの上から刺す
⑮茎 ⑭で作った溝にアウトラインS

ステーショナリー

Photo p.13

●刺繍糸

DMC25番刺繍糸
- 黒　3799
- 白　BLANC
- グレー　03
- 緑　501
- オレンジ　3852
- ベージュ　05

DMCディアマント
- 金　D3852
- 銀　D168

●布

市販のファスナーポーチ
縦14cm×横20.5cm
(生成りとグレー)

●刺し方

指定以外サテンS、指定以外２本どり
金、銀糸は１本どり
文字　アウトラインS、ストレートSで周囲を刺してから、
中をアウトラインSで埋める

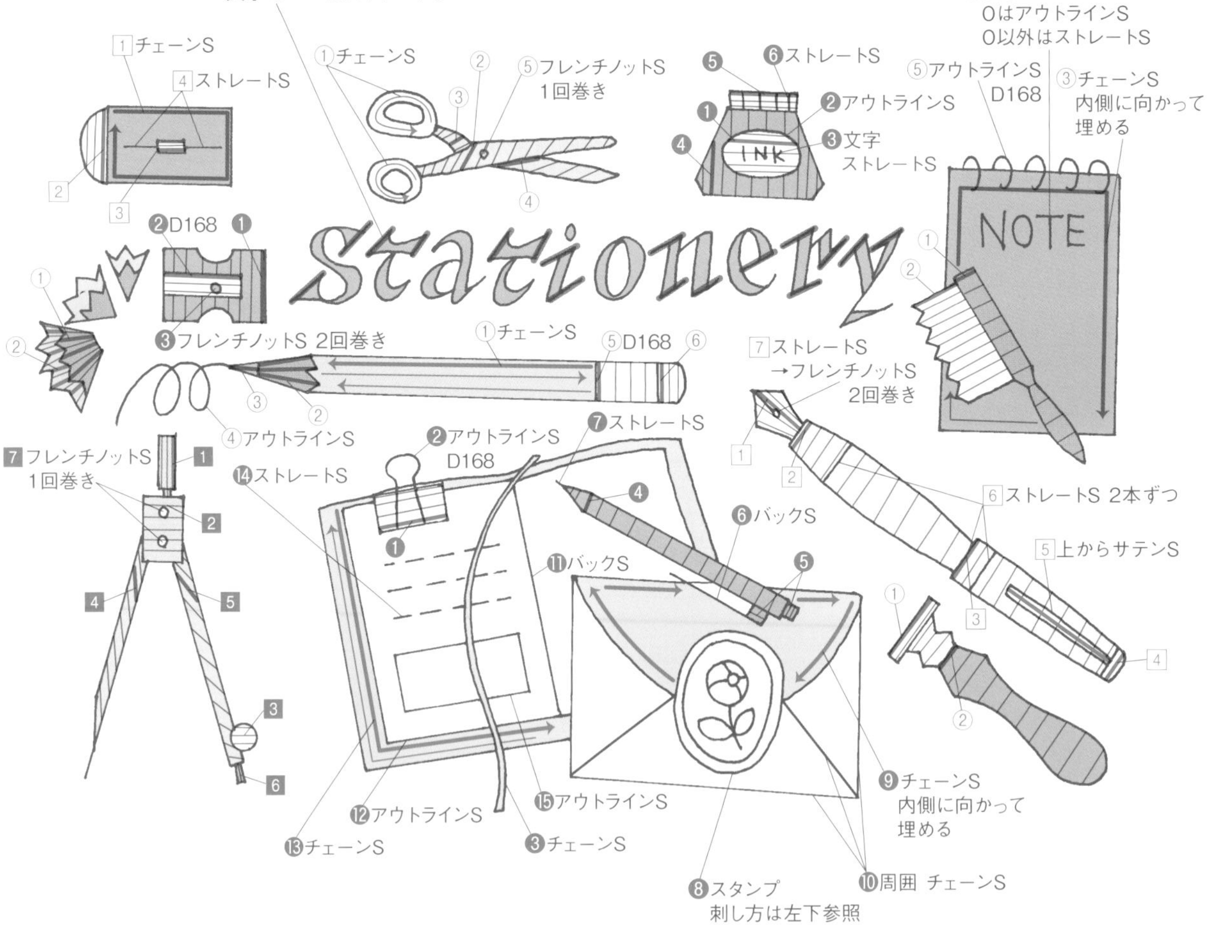

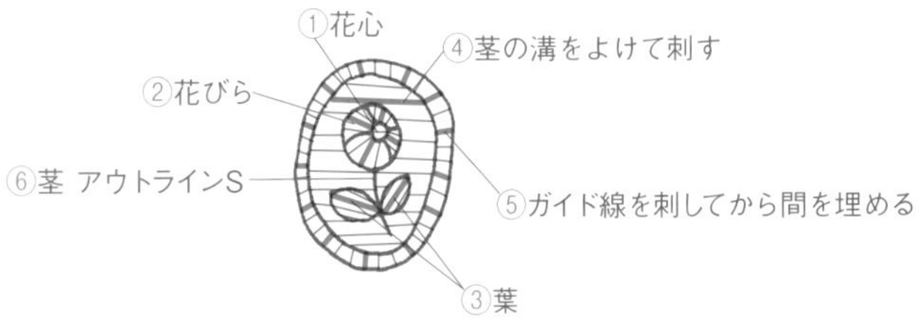

日用品 Photo p.14

●刺繍糸

DMC25番刺繍糸

- □ 白　3866
- □ 茶　779
- □ 黒　3799
- □ 赤　355
- □ 薄茶　612
- □ 緑　367
- 薄緑　522

●布

COSMOフリーステッチ用コットンクロス（ペールグレー）

●サイズ

横12.5cm×縦20cmのだ円枠

●刺し方

指定以外サテンS、指定以外2本どり

●大まかな刺し順

1. 棚、チェーンSとストレートSとサテンSで刺す
2. 小物すべて
3. 紐、アウトラインS

●仕立て方

刺繍枠　p.95

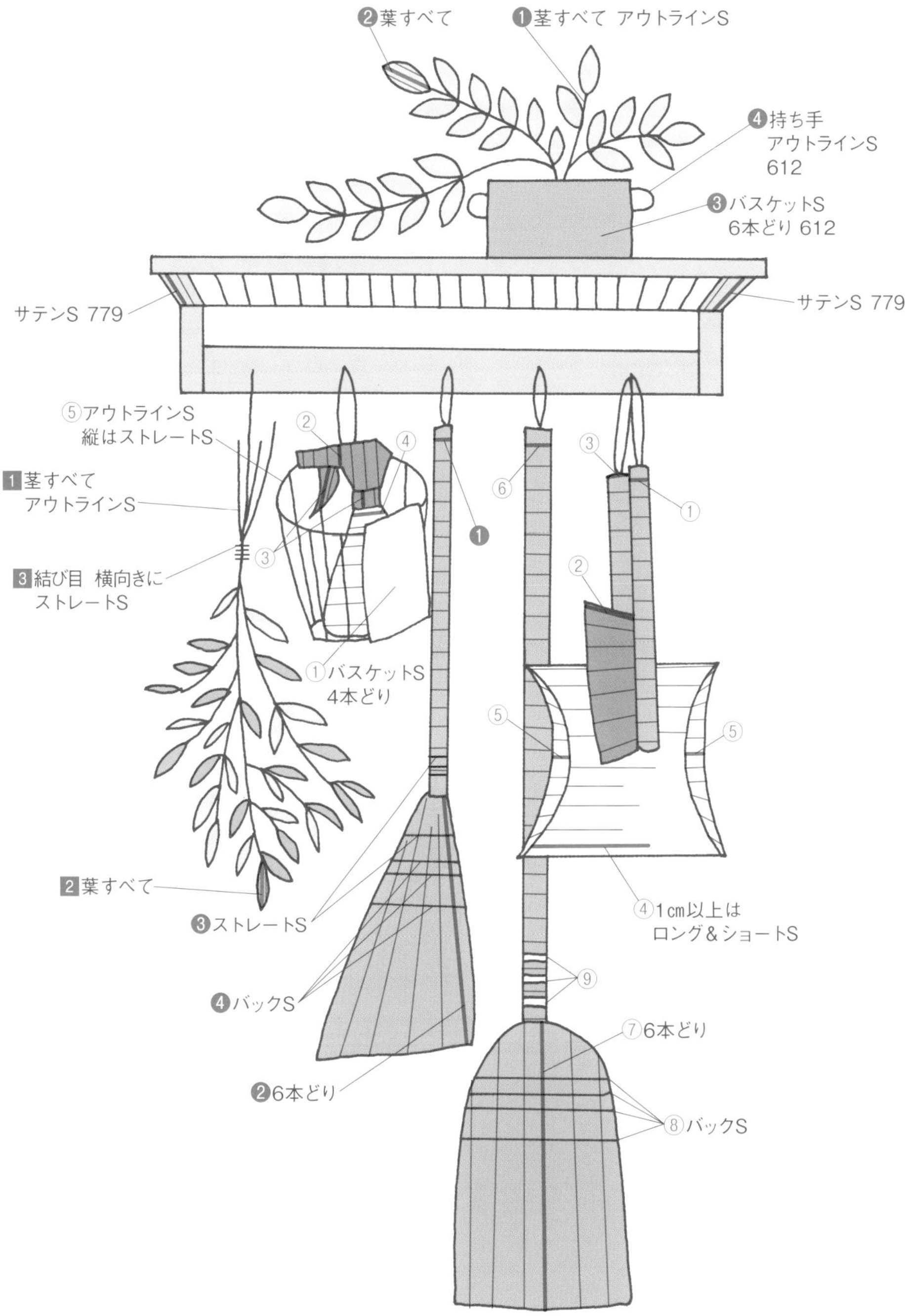

器 Photo p.15

●刺繍糸

DMC25番刺繍糸

□ 白　3866
■ 茶　779
■ 黒　3799
■ 青　3750
■ 薄茶　612（鍋敷きのみ）
□ ベージュ　422
■ ピンク　224（バラのみ）
　緑　367（バラの葉のみ）

●布

COSMOフリーステッチ用コットンクロス（ホワイト）

●サイズ

直径12cmの円

●刺し方

指定以外２本どり、指定以外サテンS

●大まかな刺し順

1. 棚、チェーンS、３本どり
2. 小物
3. 鍋敷き（最初に刺すと制作用の８cm枠がはめ直せなくなるので）

●仕立て方

刺繍枠　p.95

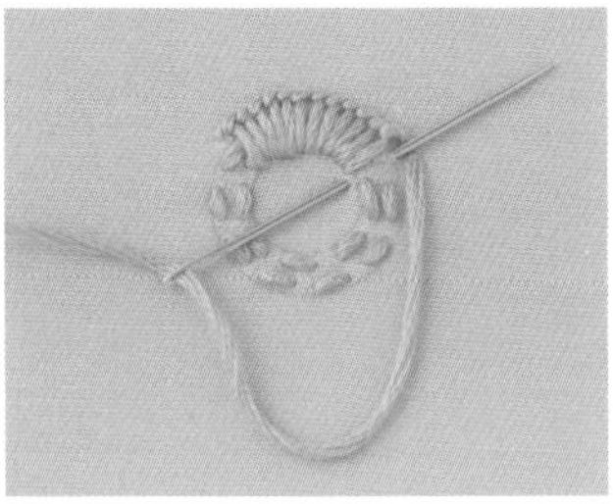

鍋敷きの刺し方

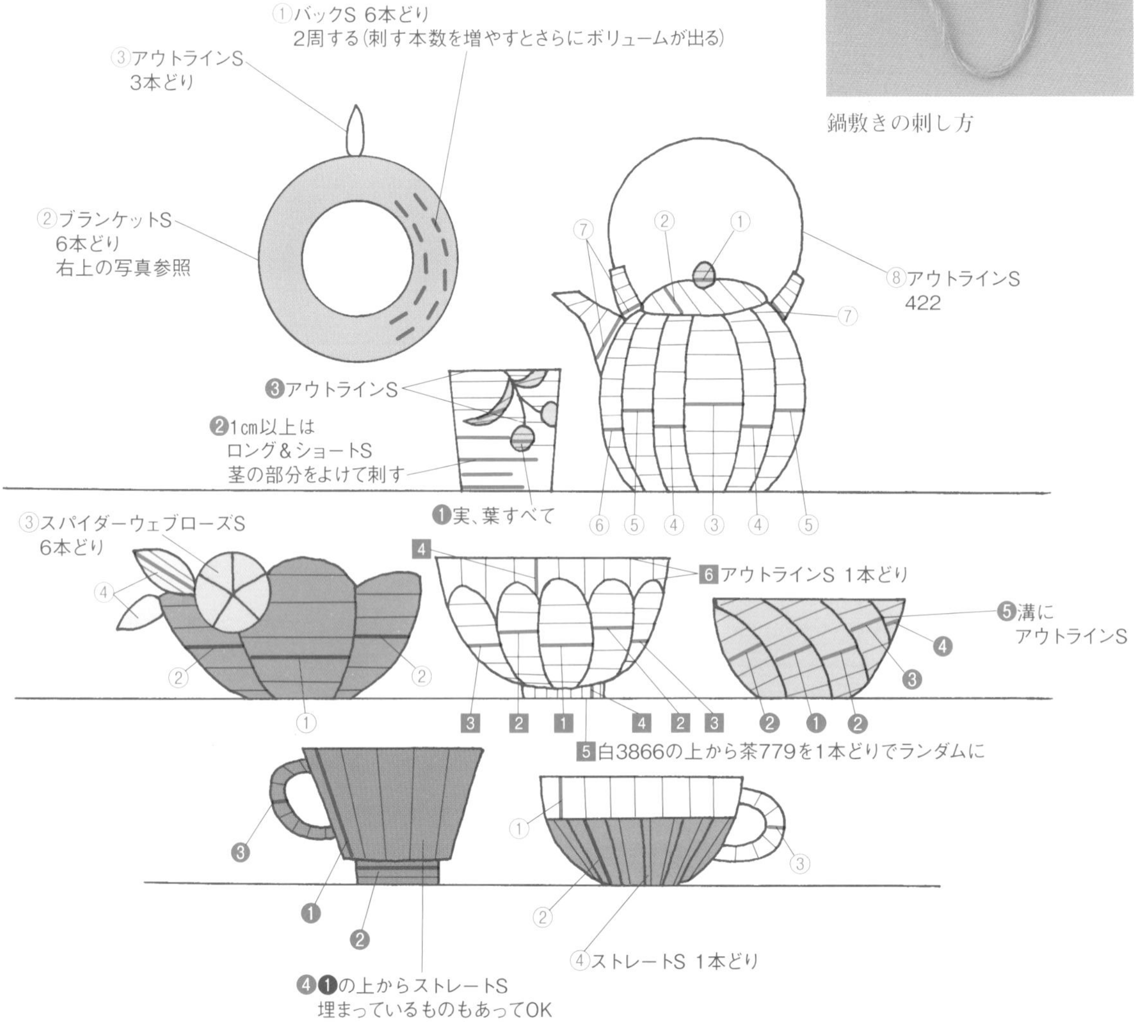

お菓子作り Photo p.18

●刺繍糸

DMC25番刺繍糸
- 緑 561
- 黄緑 704
- 黒 310
- オレンジ 721
- 黄 743
- 白 BLANC
- グレー 415
- 茶 06

●布

COSMOフリーステッチ用
コットンクロス
(ターコイズグリーン)

●刺し方

指定以外2本どり、指定以外サテンS
※面を埋めるチェーンSは周囲を刺してから
中心に向かって埋める

ピクニック

Photo p.19

●刺繍糸

DMC25番刺繍糸

- 赤　350
- 白　3866
- 黒　310
- 茶　680
- 薄茶　738
- オレンジ　783
- 緑　904

●布

市販の巾着

縦29.5cm×横22cm（黄色と白のストライプ）

●刺し方

指定以外２本どり、指定以外サテンS

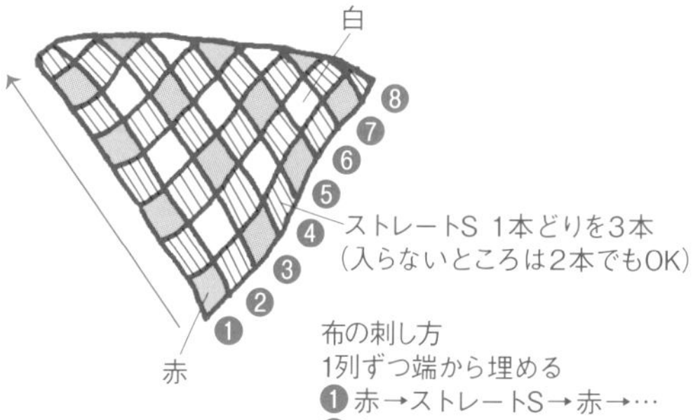

布の刺し方
1列ずつ端から埋める
❶赤→ストレートS→赤→…
❷白すべて→ストレートSすべて
❸赤→ストレートS→赤→…
の順で刺す

ファブリックチェア Photo p.23

●刺繍糸

DMC25番刺繍糸

赤　355

緑　895

黄緑　3346

黄土色　3829

生成り　ECRU

茶　838

●布

COSMOフリーステッチ用コットンクロス（オリーブグリーン）

●サイズ

縦18cm×横13cmのだ円枠

●刺し方

指定以外2本どり、指定以外サテンS

●ポイント

・額はどのタイミングでもOK

・クッションの茎は溝部分に
アウトラインSで刺繍する
さらにp.24の写真を参考に茎を増やす

●仕立て方

刺繍枠　p.95

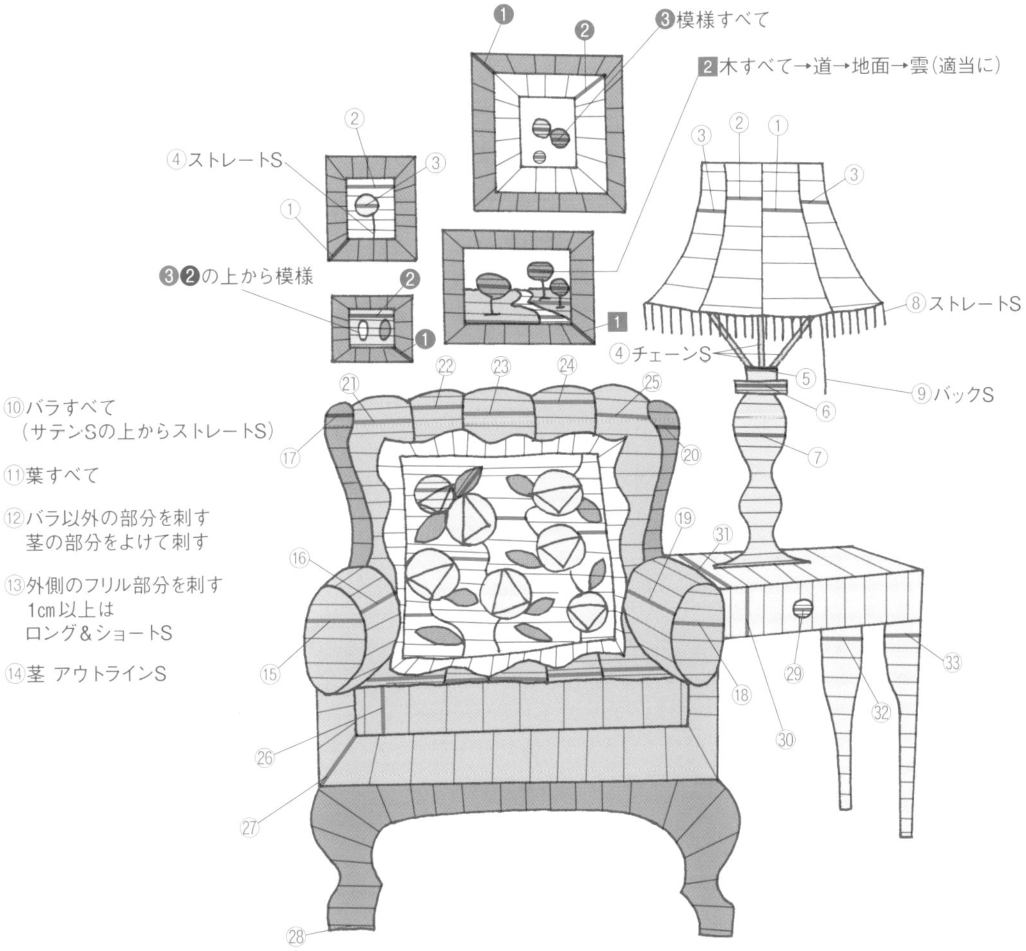

ワンピース ||||||||||| Photo p.23

Photo p.23

●刺繍糸

DMC25番刺繍糸

ピンク　223

緑　895

薄緑　320

茶　779

黄　165

白　BLANC

●布

COSMOフリーステッチ用コットンクロス（スモーキーブルー）

●サイズ

縦18cm×横13cmのだ円枠

●刺し方

指定以外2本どり、指定以外サテンS

●仕立て方

刺繍枠　p.95

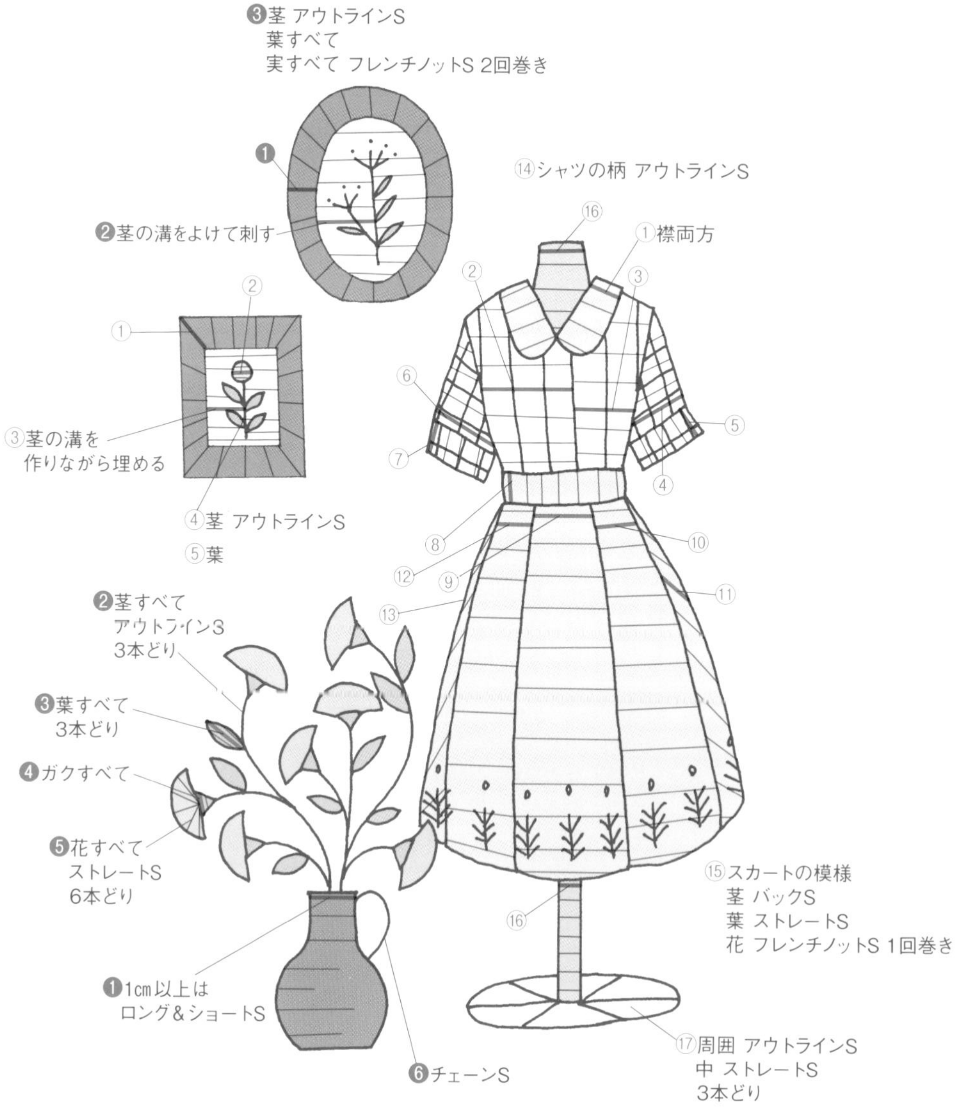

フラワーショップ

Photo p.31

●刺繍糸

DMC25番刺繍糸

- 紫　26
- ピンク　225
- 白　BLANC
- 黒　3799
- 茶　452
- グレー　04
- 赤　3350
- 黄　17
- 黄緑　988
- 緑　895

●布

COSMOフリーステッチ用コットンクロス（ペールグレー）

●サイズ

直径12㎝の円

●刺し方

指定以外サテンS、指定以外２本どり

●仕立て方

刺繍枠　p.95

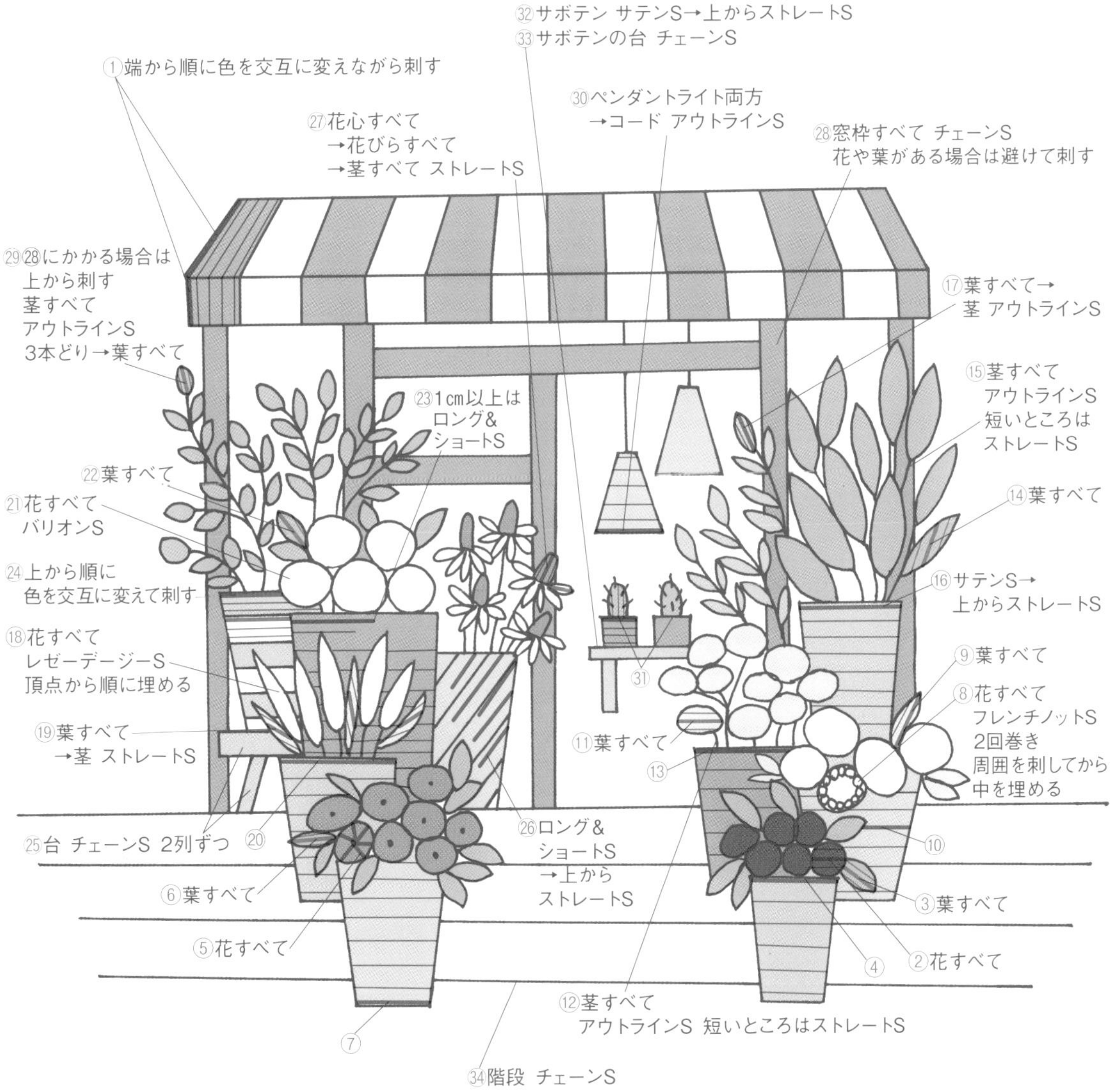

洋楽器 ||||||||||| Photo p.32

●刺繍糸

DMC25番刺繍糸
- ■ 黒　310
- □ 白　BLANC
- ■ 緑　501
- □ 薄水色　927
- ■ 茶　07
- ■ 薄茶　822
- ■ 黄土色　3046

●布

市販の巾着
縦31cm×横23cm（グレー）

●刺し方

指定以外2本どり、指定以外チェーンS
チェーンSは周囲を囲ってから
内側に向かって埋める

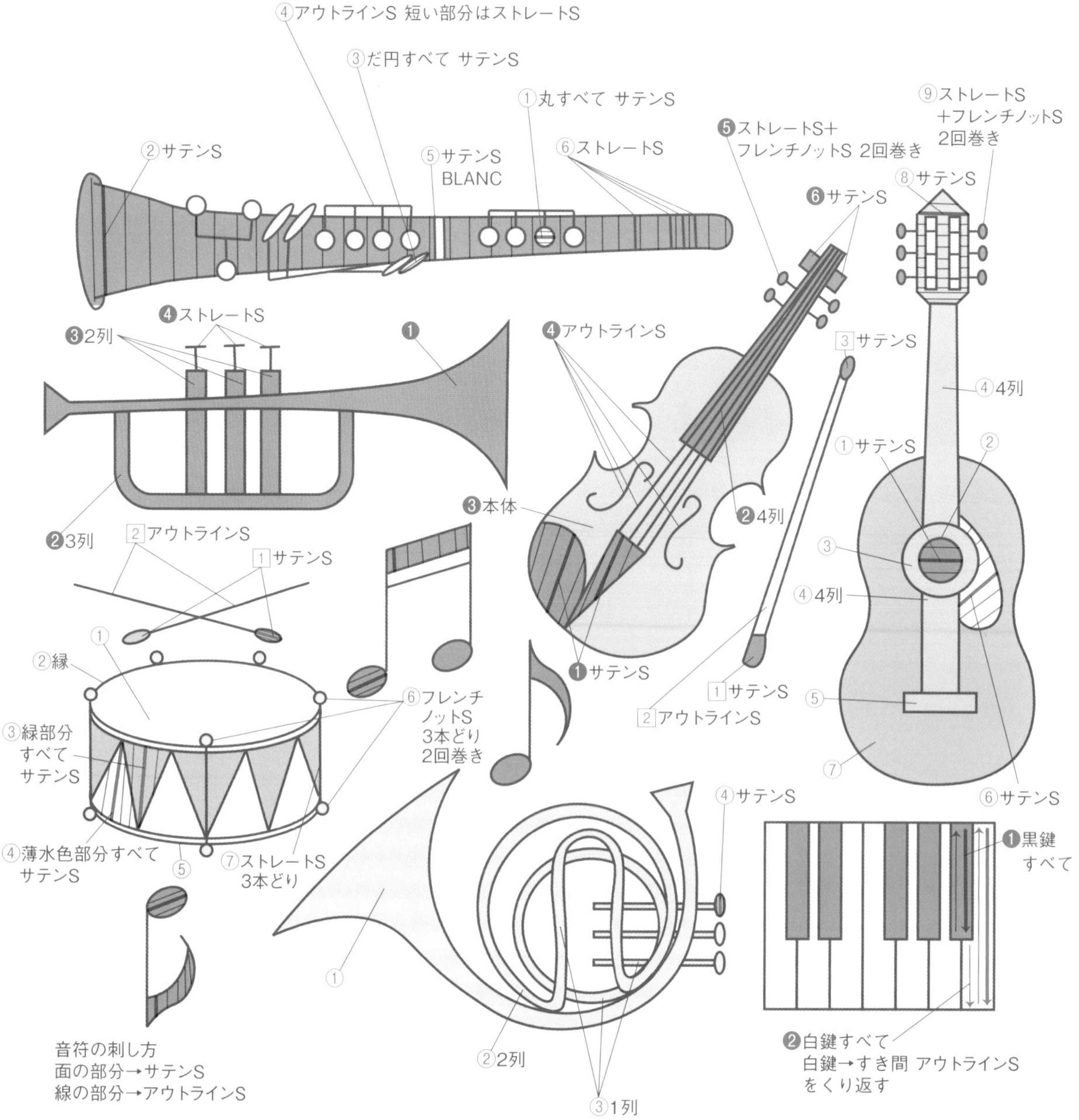

森のフェス Photo p.33

●刺繍糸

DMC25番刺繍糸

- ピンク　3727
- 水色　519
- 紫　26
- 黄　728
- 黄緑　3346
- 薄オレンジ　967
- 茶　611
- 白　BLANC

●布

COSMOフリーステッチ用コットンクロス（ペールグレー）

●刺し方

指定以外サテンS、指定以外２本どり

スポーツ用品 Photo p.34

●刺繍糸

DMC25番刺繍糸

白　BLANC

緑　561

グレー　414

黒　310

ピンク　224

黄　165

茶　632

ベージュ　422

薄オレンジ　967

●布

COSMOフリーステッチ用コットンクロス（ペールグレー）

スポーツ用品 Photo p.34

●刺し方

指定以外サテンS、指定以外２本どり

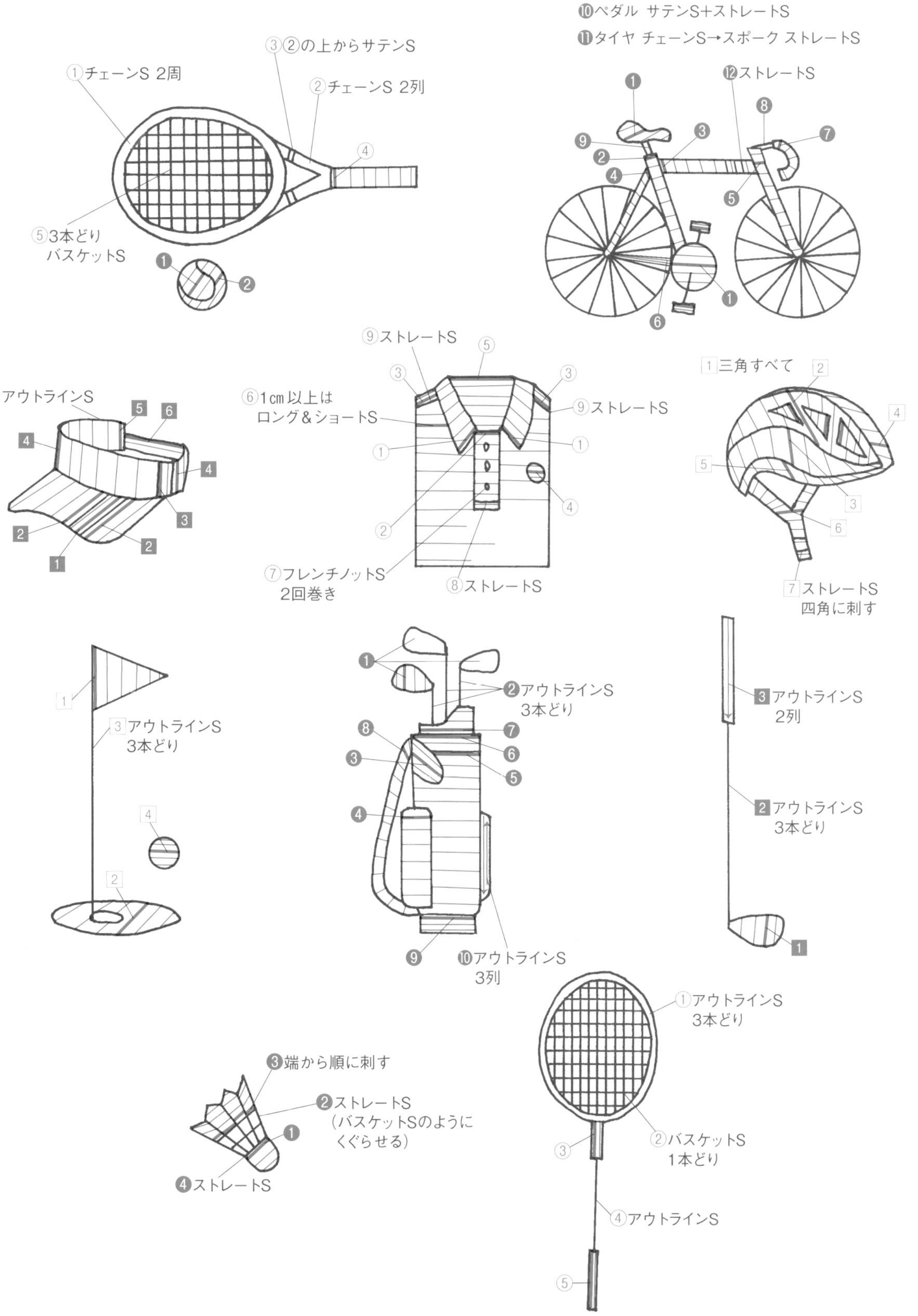

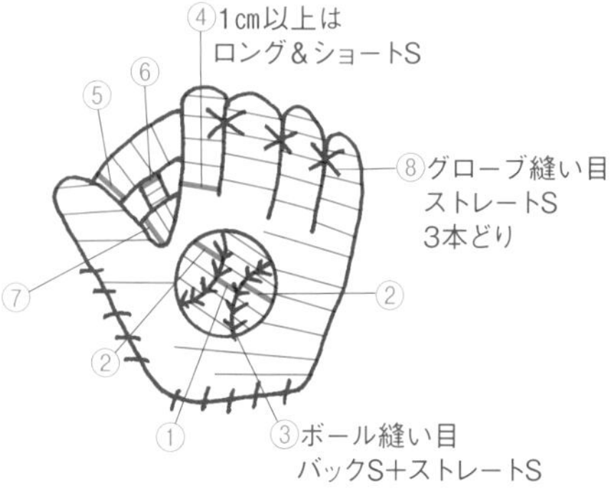
④1cm以上は
ロング＆ショートS
⑤
⑥
⑧グローブ縫い目
ストレートS
3本どり
⑦
②
②
①
③ボール縫い目
バックS+ストレートS

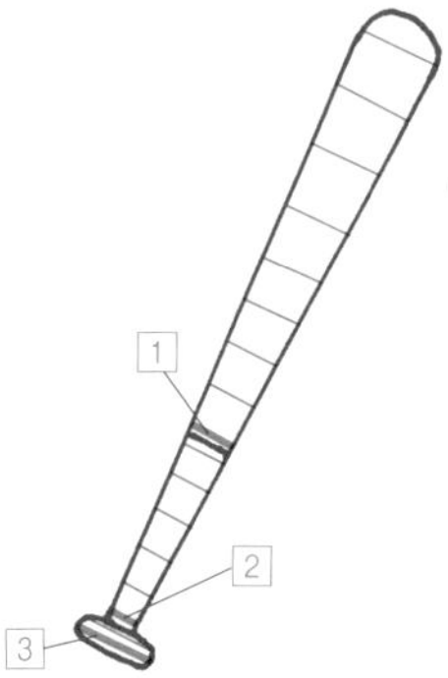
1
2
3

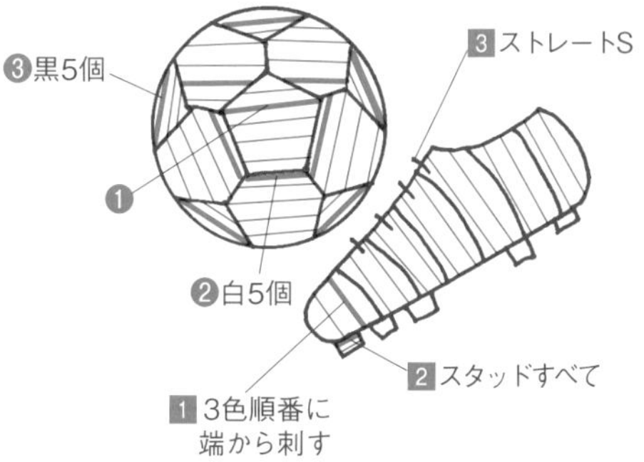
❸黒5個
❶
❷白5個
3ストレートS
2スタッドすべて
1 3色順番に
端から刺す

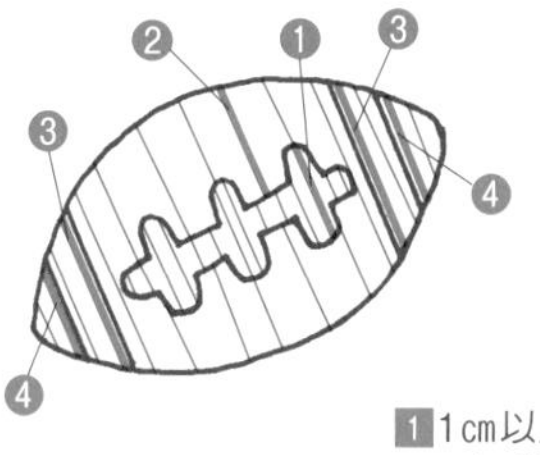
❷
❶
❸
❸
❹
❹

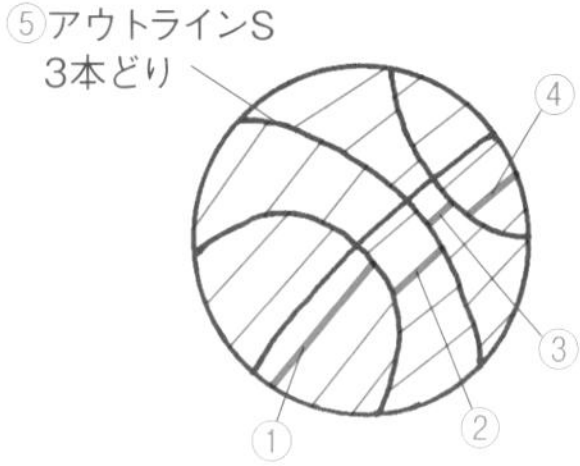
⑤アウトラインS
3本どり
④
③
②
①

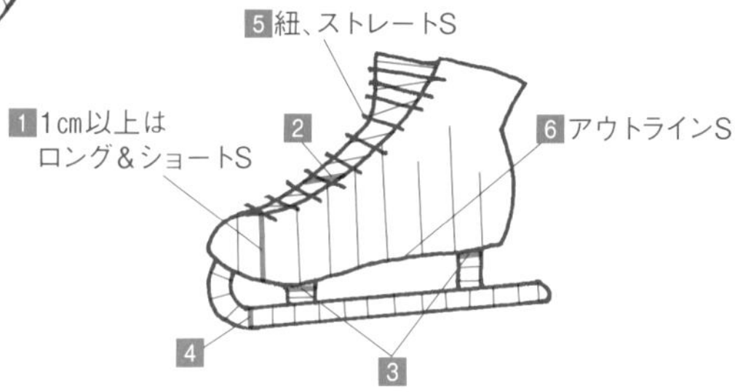
5紐、ストレートS
11cm以上は
ロング＆ショートS
2
6アウトラインS
4
3

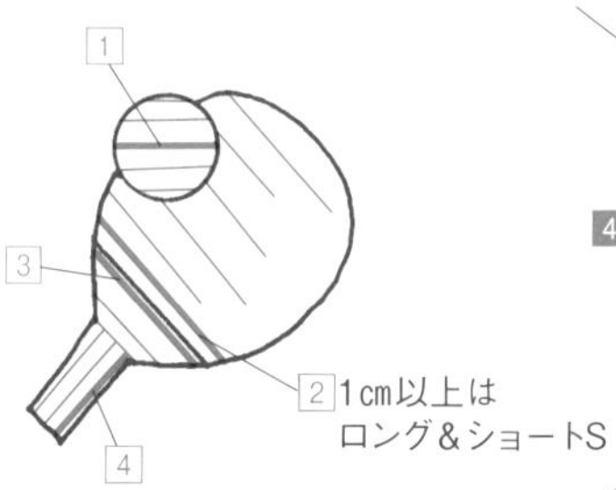
1
3
2 1cm以上は
ロング＆ショートS
4

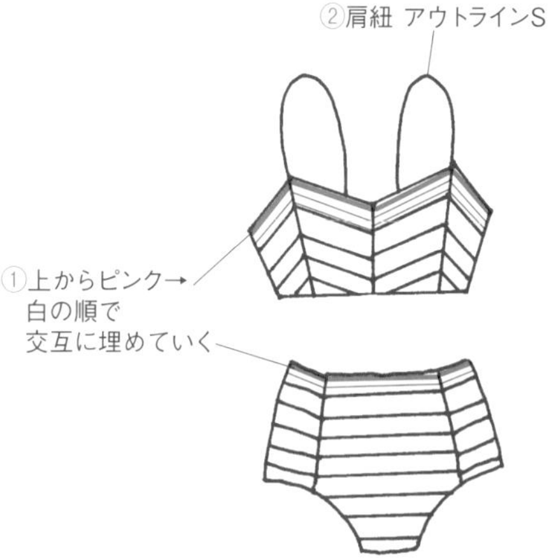
②肩紐 アウトラインS
①上からピンク→
白の順で
交互に埋めていく

②
③
⑧
①顔、首
⑧
④
⑤
⑥
⑦
⑨ボード チェーンS
中心から両端に向かって
埋めていく

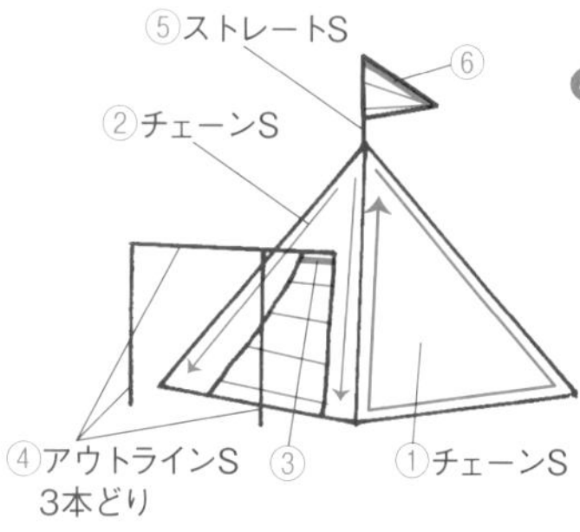
⑤ストレートS
⑥
②チェーンS
④アウトラインS
3本どり
③
①チェーンS

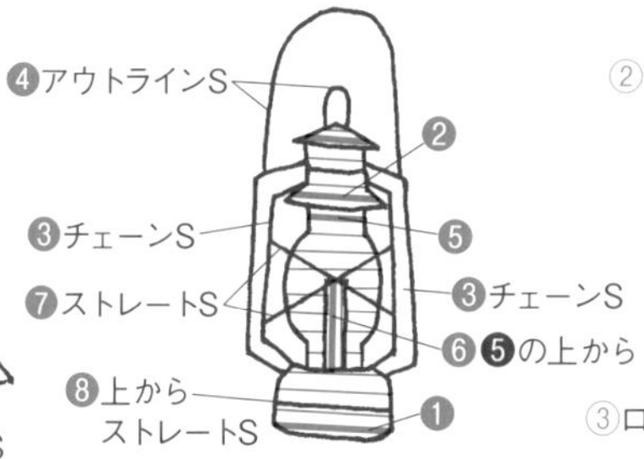
❹アウトラインS
❷
❸チェーンS
❺
❼ストレートS
❸チェーンS
❻❺の上から
❽上から
ストレートS
❶

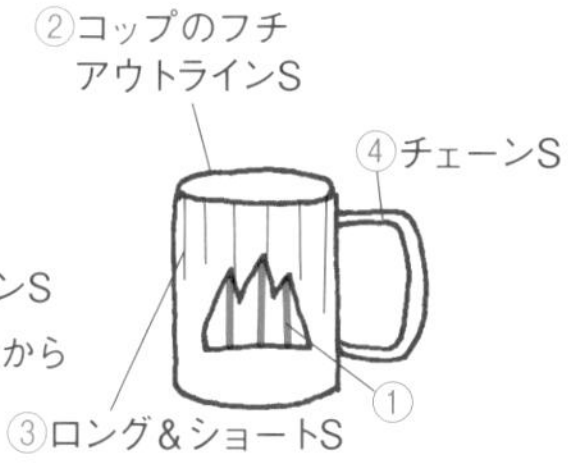
②コップのフチ
アウトラインS
④チェーンS
①
③ロング＆ショートS

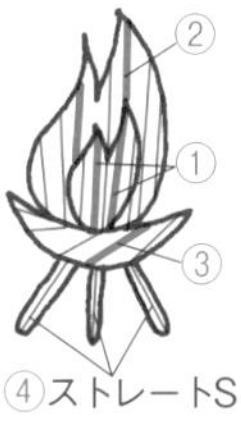
②
①
③
④ストレートS

キャンプギア　Photo p.35

●刺繍糸

DMC25番刺繍糸
薄灰緑　3072
赤　920
黄　833
青　3809
チャコールグレー　645
緑　3052

●布

市販のコットン（生成り）

●刺し方

指定以外2本どり、指定以外サテンS

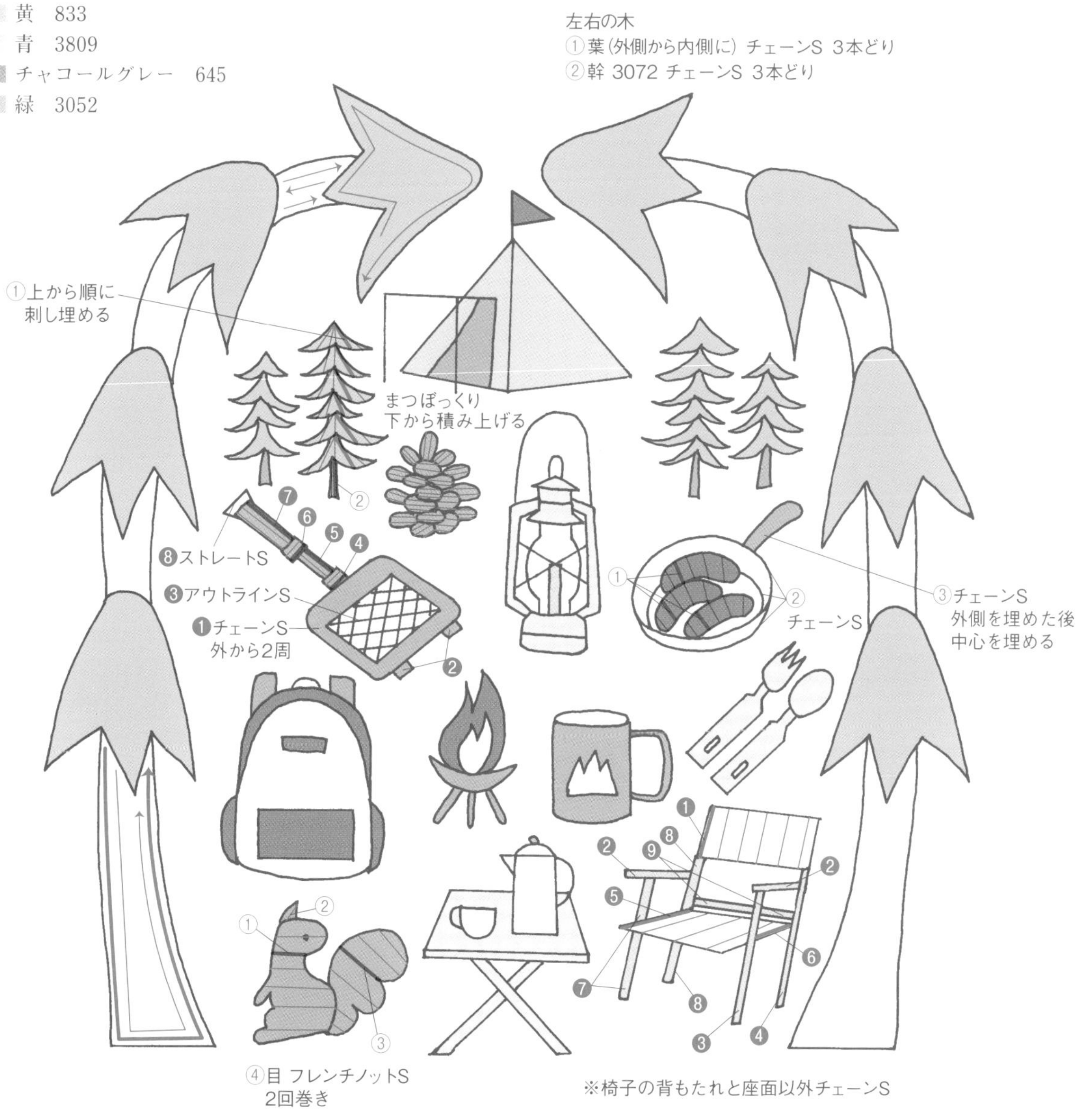

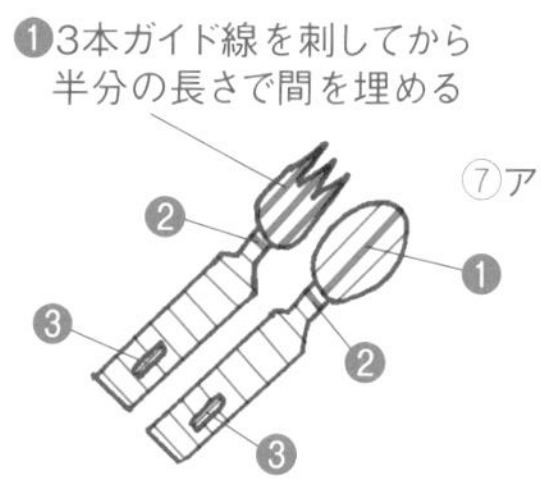

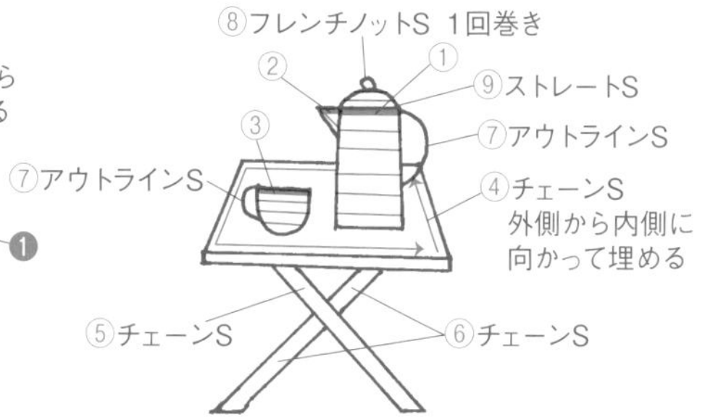

コスメ ||||||||||| Photo p.36

●刺繍糸

DMC25番刺繍糸
- 黄　728
- 茶　08
- ピンク　225
- グレー　168
- 赤　3350
- 白　BLANC

DMCディアマント
- 金　D3852

●布

オリムパス　コットンクロス（サンド）

●サイズ

縦11cm×横15cm

●刺し方

指定以外サテンS、指定以外２本どり

●仕立て方

パネル　p.95

※櫛以外の金糸のフレンチノットSは最後に上から2回巻き

パフュームボトル Photo p.37

●刺繍糸

DMC25番刺繍糸

- 紫　210
- 濃ピンク　602
- ミント　3817
- 白　3865
- 濃黄　445
- 薄黄　3823
- 青　517

COSMOにしきいと

- 薄金　205（砂子）
- 薄ピンク　204（寿甘）
- ピンク　110（桜桃）

DMCディアマント

- 金　D3852

●布

COSMOフリーステッチ用コットンクロス（ホワイト）

●サイズ

縦11cm×横15cm

●刺し方

すべて２本どり、指定以外サテンS

●仕立て方

パネル　p.95

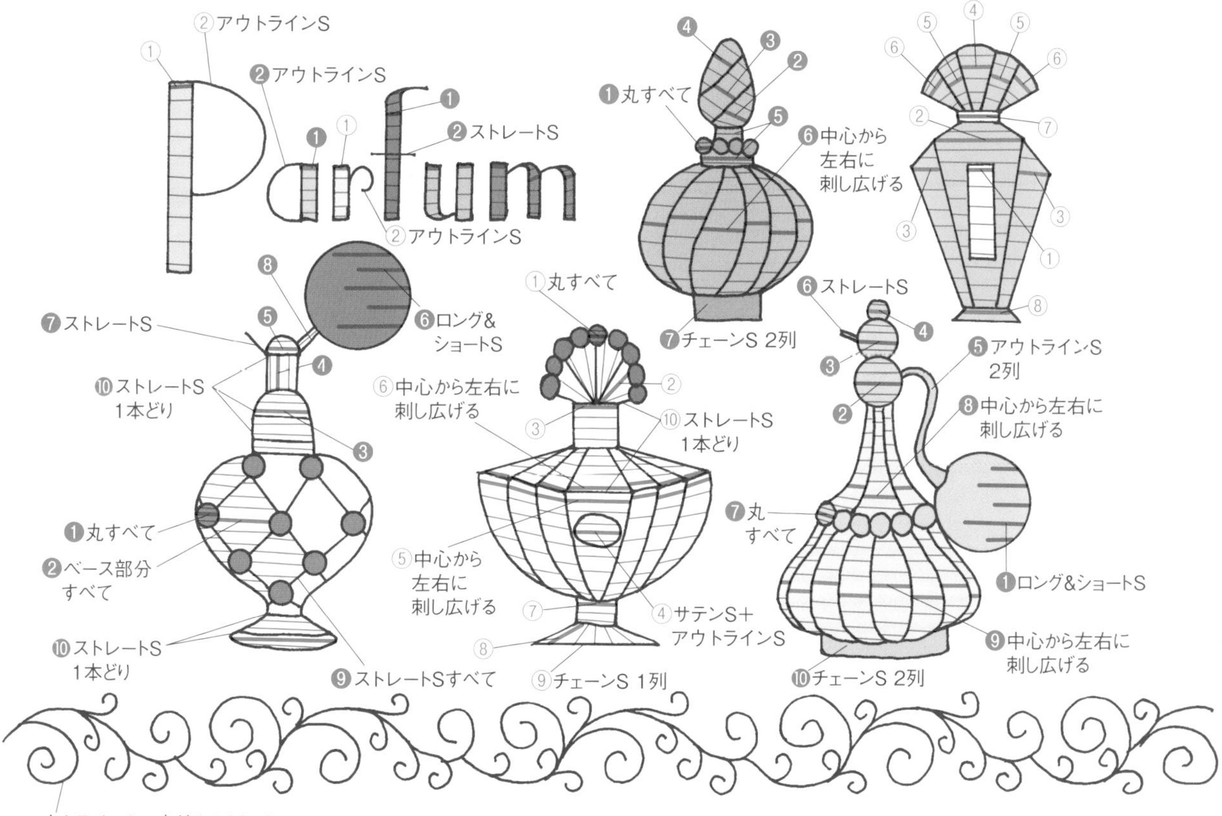

月齢カード Photo p.40

●刺繍糸

DMC25番刺繍糸

- 黄土色　3829
- 茶　632
- 薄茶　07
- ピンク　225
- 青　930
- 水色　3747
- ベージュ　712
- 緑　987

●布

COSMOフリーステッチ用コットンクロス（ホワイト）

●刺し方

指定以外サテンS、指定以外２本どり

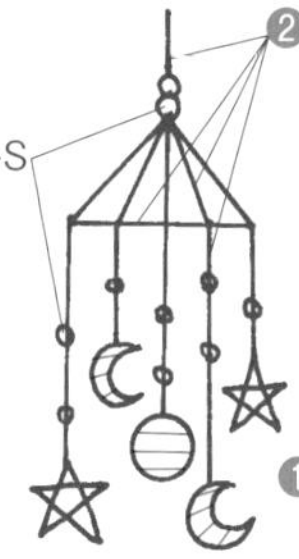

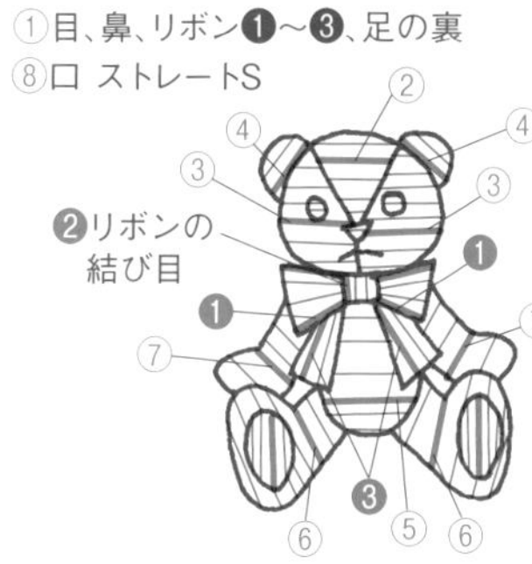
①目、鼻、リボン❶～❸、足の裏
⑧口 ストレートS
②
④
④
③
③
❷リボンの
結び目
❶
❶
⑦
⑦
❸
⑥
⑤
⑥

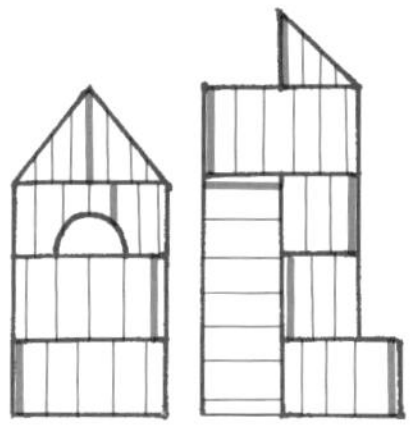

下から順に刺す

❷葉すべて
①
③
①
①
②
④ストレートS
❶茎 アウトラインS

❺襟口、袖口、裾 アウトラインS
❶端から順に埋める
1cm以上は
ロング&ショートS
❹フレンチノットS
2回巻き
❷
❸チェーンS

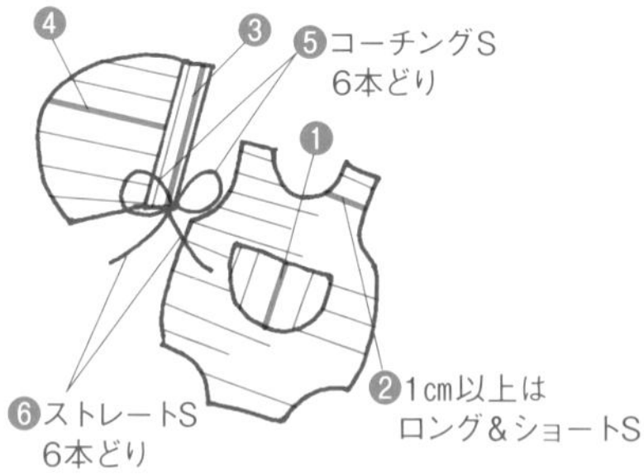
❹
❸
❺コーチングS
6本どり
❶
❻ストレートS
6本どり
❷1cm以上は
ロング&ショートS

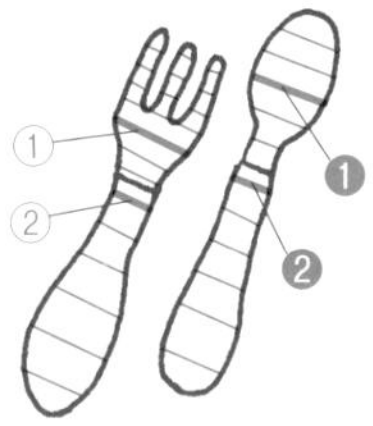
①
②
❶
❷

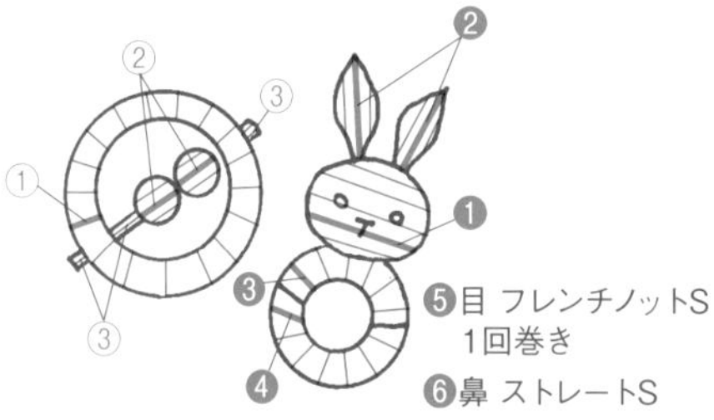
②
③
①
③
❷
❶
❸
❺目 フレンチノットS
1回巻き
❹
❻鼻 ストレートS

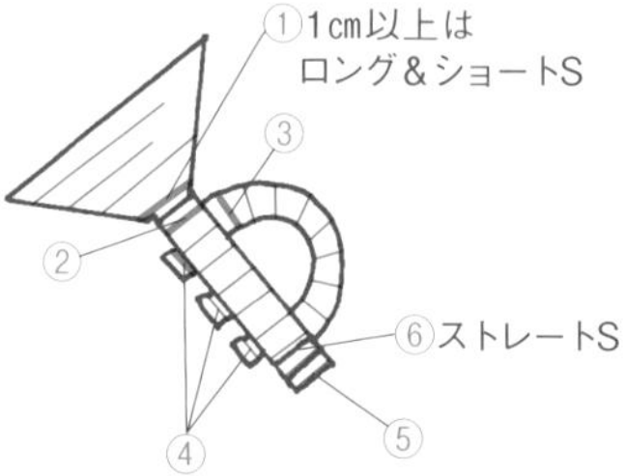
①1cm以上は
ロング&ショートS
③
②
⑥ストレートS
④
⑤

月齢カード Photo p.41

●刺繍糸

DMC25番刺繍糸

「10 MONTHS」
- 黄土色　3829
- ピンク　225
- 青　930
- ベージュ　712
- 緑　987

「Just born」
- 黄土色　3829
- 茶　632
- 薄茶　07
- ピンク　225
- 青　930
- 緑　987

●布

COSMOフリーステッチ用コットンクロス
[10 MONTHS]（ビンテージブルー）、[Just born]（ペールグレー）

●刺し方

指定以外サテンS、指定以外2本どり

●仕立て方

月齢カード　p.95

ウェディングボード

Photo p.42

●刺繍糸

DMC25番刺繍糸
- □ 白　BLANC
- 黄緑　906
- 緑　561
- 青　3750
- 水色　809
- ピンク　3688

COSMOにしきいと
- □ 銀　112（海月）
（すべて2本どり）

DMCディアマント
- □ 金　D3852
（すべて1本どり）

●布

市販のコットン
（ブルーグレー）

●サイズ

18㎝角の角丸四角形

●刺し方

指定以外サテンS、指定以外2本どり

●仕立て方

刺繍枠　p.95

ジュエリー

Photo p.43

●刺繍糸

[ゆびわ]

DMC25番刺繍糸

□ 青　809

COSMOにしきいと

□ ピンク　204（寿甘）

■ 黄　111（鳳梨）

■ 水色　202（水面）

□ 青緑　109（青空）

■ 黄緑　201（冬瓜）

□ 銀　206（雪原）

[手と花]

DMC25番刺繍糸

■ 薄オレンジ　967

■ ピンク　3706

COSMOにしきいと

■ 水色　108（薄荷）

□ 銀　112（海月）

●布

市販のハンカチ（白）

●刺し方

指定以外サテンS、指定以外2本どり

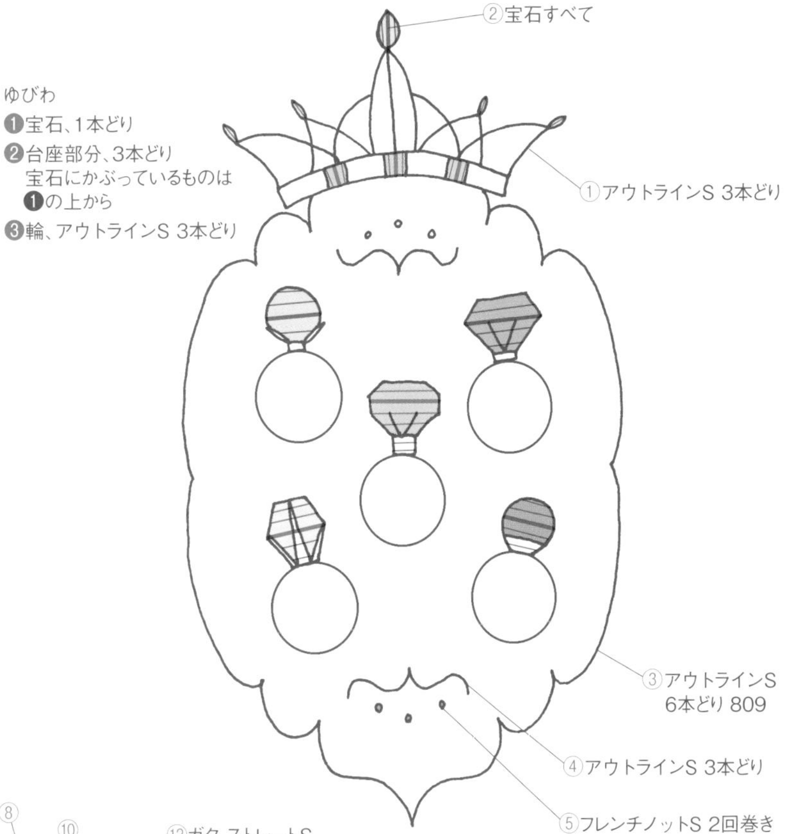

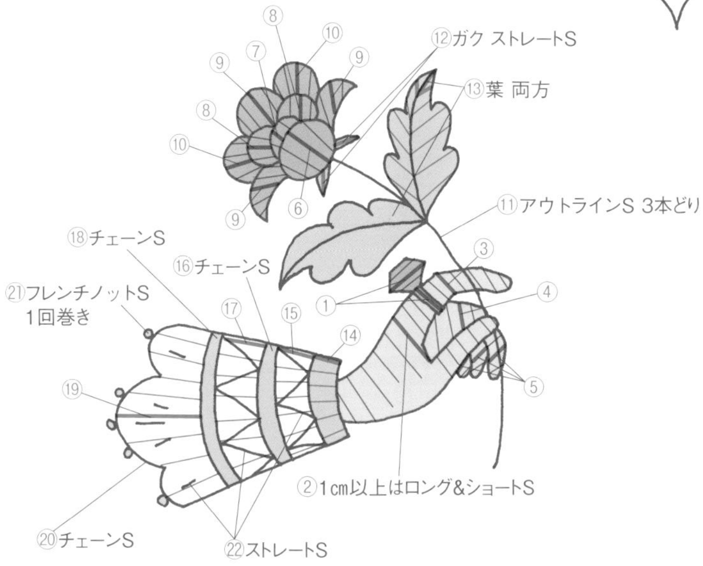

アドベントカレンダー

Photo p.46

●刺繍糸

DMC25番刺繍糸

- ピンク　778
- 黒　310
- 赤　902
- オレンジ　3778
- 青　336
- 薄オレンジ　967
- グレー　414
- 薄茶　612
- 白　3866
- 水色　828
- 緑　503

DMCディアマント

- 金　D3852

●布

COSMOフリーステッチ用
コットンクロス（ホワイト）

●刺し方

指定以外サテンS、指定以外２本どり
チェーンフェザーSは６本どり、金糸は１本どり、
数字　直線と短い部分はストレートS、曲線はアウトラインS

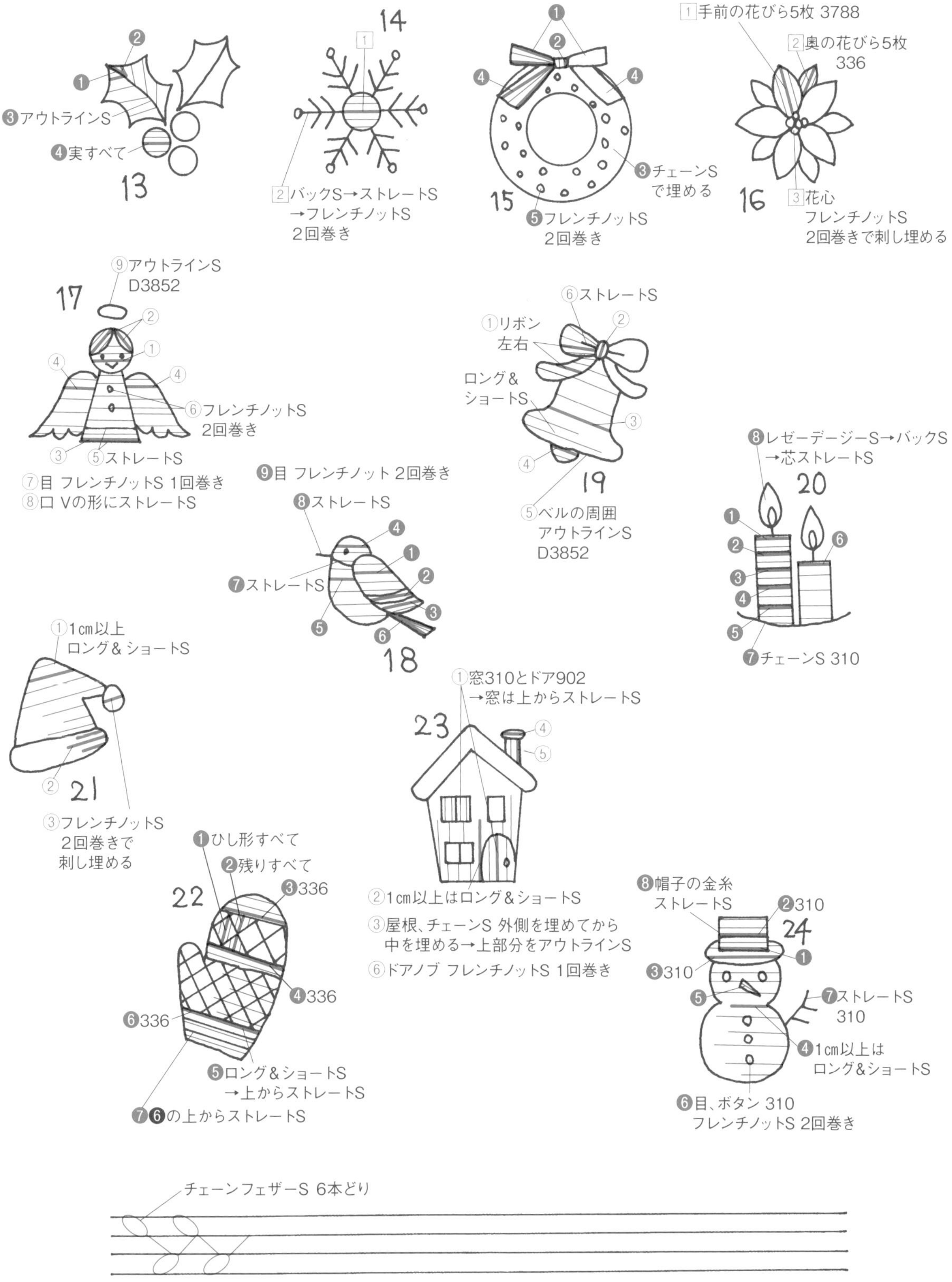

雑貨屋さん Cover

●刺繍糸

DMC25番刺繍糸

- グレー　03
- 青　160
- 白　BLANC
- 黒　3799
- オレンジ　352
- 黄　727
- 黄緑　369
- 緑　561
- 茶　06

●布

オリムパス　コットンクロス（サンド）

●刺し方

指定以外サテンS、指定以外２本どり

●大まかな刺し順

1. 小物、テーブルクロス
2. 棚、チェーンS　３本どり

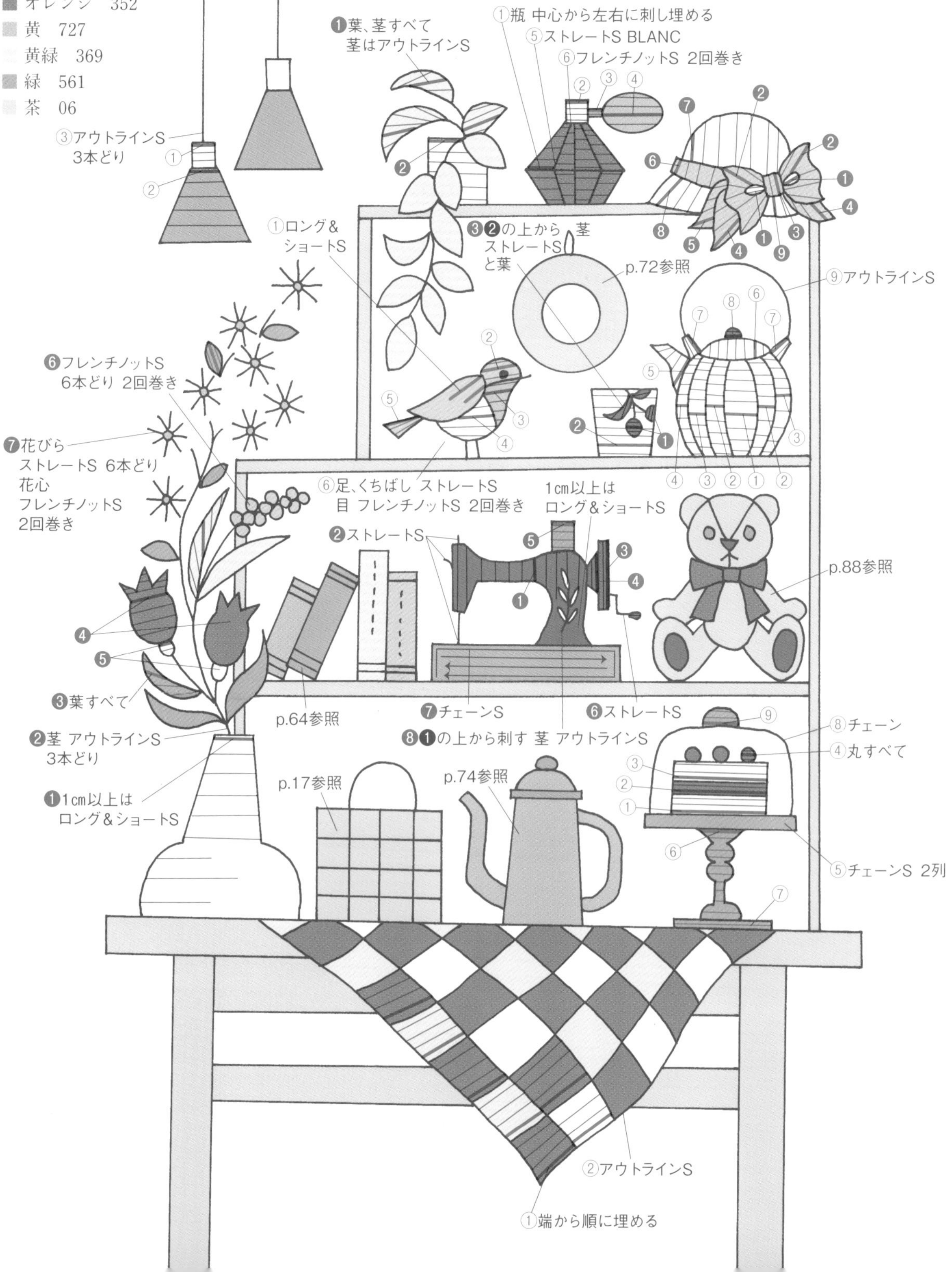

仕立て方

【パネル】

・片面接着パネルを用意する。

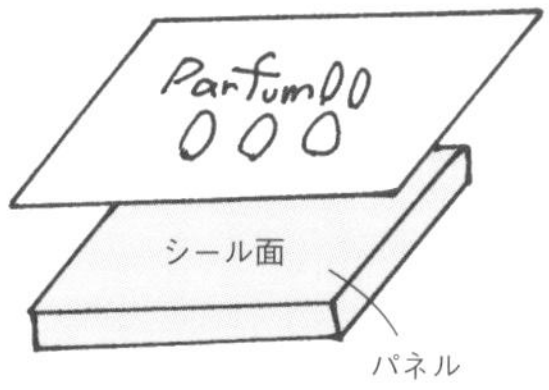

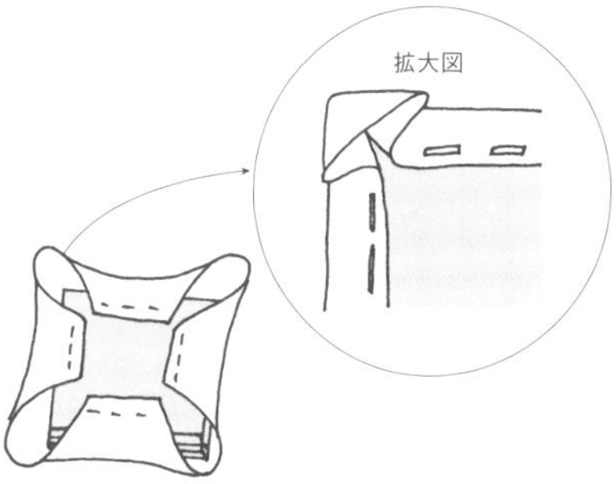

1. 片面接着パネルのサイズより周囲各10㎝ほど大きめに布をカットする。シールをはがして布を貼る。

2. ひっくり返し、手で布を引っ張り、しわにならないようにしながらステープラーで留める。

3. 側面をすべて留めたところ。角は丁寧に畳んでからステープラーで留める。

【月齢カード】

・フェルトを用意する。

1. 布に刺繍をし、裏にアイロン接着フェルトを貼る。

2. 型紙の円に沿って、はさみでカットする。

【刺繍枠】

1. 刺繍をした布を裏返して布の周囲をぐし縫いする。

2. 糸を引き、ゆるい場合はさらに糸を渡して引っ詰める。

【オーナメント】

・わたと紐を用意する。

1. 表布に刺繍する。裏布と中表に合わせ、返し口を残して縫う。

2. 返し口から表に返し、わたを詰める。返し口をまつり、紐をつける。

作品デザイン・制作　川畑杏奈（annas）
制作協力　会津喜代美　我妻祐里　いとうゆき　上木佐季子
宇枝恵里子　上野麗子　佐藤有子　夏川麻依

撮影　下村しのぶ（カナリア）
装丁・レイアウト　佐々木千代（双葉七十四）
スタイリング　伊東朋恵
Special Thanks　岡本諭
編集　小泉未来

［素材問い合わせ先］
ディー・エム・シー株式会社
（DMC25番刺繍糸、DMC ディアマント）
お問い合わせ　TEL. 03（5296）7831（代）
10:00 ～ 17:00（土・日・祝日を除く）
https://www.dmc.com

株式会社ルシアン
（COSMO にしきいと、COSMO フリーステッチ用コットンクロス）
9:00 ～ 17:00（土・日・祝日を除く）
https://www.lecien.co.jp
※「COSMO」は株式会社ルシアンの登録商標です

オリムパス製絲株式会社
（オリムパスコットンクロス）
お問い合わせ　TEL. 052（931）6679
9:00 ～ 17:30（土・日・祝日を除く）
https://www.olympus-thread.com

本のある風景 Cover

［撮影協力］
AWABEES
UTSUWA

annas《アンナス》の雑貨《ざっか》の刺繍《ししゅう》
文具店《ぶんぐてん》、手芸店《しゅげいてん》、園芸店《えんげいてん》、洋品店《ようひんてん》…etc. 街角《まちかど》で出《で》会《あ》った かわいい小物《こもの》たち

2024年5月30日　初版第1刷発行

著者　川畑《かわばた》杏奈《あんな》
発行者　三宅貴久
発行所　株式会社　光文社
〒112-8011　東京都文京区音羽1-16-6
電話　編集部 03-5395-8172　書籍販売部 03-5395-8116　制作部 03-5395-8125
メール　non@kobunsha.com
落丁本・乱丁本は制作部へご連絡くだされば、お取り替えいたします。

組　版　近代美術
印刷所　近代美術
製本所　ナショナル製本

ISBN978-4-334-10331-6